末吉正子の語り

日本民話の会 編

新しい日本の語り　11

悠書館

藤原道子 画

来日したタフィー ＝ トーマス氏と。

タイのマハサラカン大学にて

中央がマーガレット・リード・マクドナルドさん。
その向かって右どなりが、「小島と虫」を語ってくれたワユパ・トサさん。
左が著者、それに学生さんたち。

ケイト・マクレランドさんと。

名刺に刷りこんだ似顔絵。　わたなべえつこ 画

新しい語り手のために

わたしたち日本民話の会は、一九六〇年代の後半から、日本各地の伝承の語り手を訪ね、民話（昔語り・伝説・世間話など）や現代民話に聴き耳を立ててきました。そして、各地から掘り起こした民話の数々を資料集にまとめたり、再話して読み物、絵本、紙芝居として刊行したり、新たに語ったりしています。また、伝承の語り手や各地の民話の会、語りの会などとの交流も大事な活動のひとつとして大切にしてきました。

ところが、語り手の世代交代、家族構成や生活様式の変化などによって、民話をめぐる環境は急速に変わりました。生活の中で語りの場は失われ、伝承の語りに聴き耳を立てることも少なくなりました。伝承の語りの中には、生きていくためのさまざまな知恵が秘められており、人びとは知らぬ間にさまざまなことを学び、心の滋養にもなってきました。そうした大切なものも、語りの場とともに失われてしまったのです。

このような状況を憂い、わたしたちは、民話のすばらしさや語りの魅力をどうしたら伝えられるだろうかと考えました。二〇年ほど前のことです。「だれでも語り手」というゆるやかな形で「語りの勉強会」がはじまりました。そうして伝承の語りを学ぶ一方で、明治期の巌谷小波が実践したお伽口演・口演童話のやり方やストーリー・テリングの方法を学びながら、新しい語り手の姿を模索してきました。

その結果、新しい語り手とは「自分の言葉で語る語り手」ということにたどりついたのです。

自身の生まれ育った地域の言葉（方言）をどのように生かすことができるのか、共通語による語りが可能なのかなど、創意工夫しながら「新たな語りの発見」につながる語りの可能性を追求してきました。その中から、新しい語り手たちが次々に誕生しました。さらに、それぞれの生活する地域の小学校、幼稚園、保育園、家庭・地域文庫、図書館、公民館などの協力を得て、新しい語りの場が設けられました。地域に根ざした新しい語りの活動の場が少しずつ広がってきました。

「新しい語り」シリーズの語り手たちは、伝承の語りを新しい形で語るだけでなく、現代民話や生活体験も語っています。また、負の遺産ともいえる戦争・被爆体験、災害伝承なども後世に伝えることを願って語っています。どの語り手も聴き手といっしょになって語りの場を作り上げてきた語り手ばかりです。

まずは、語りに聴き耳を立てましょう。つぎにこのシリーズを読んで、自分の好きな話を見つけましょう。そして、自分の言葉で語ってみましょう。このシリーズは、「だれでも語り手」を合言葉に編集しました。

みなさまの語りの手助けになることを願っています。

日本民話の会

末吉正子の語り

目次

Ⅱ．ちょっとこわい話

Ⅲ．愛の話・友情の話

IV. 元気がでる話

☆お話会のおしまいに語る話

私と語り

末吉　正子

語りは元気の素

まずは一首……

子どもらの精気吸い取り生き延びる 我の正体 語り魔女なり

子どもたちのはじける笑顔と出会うのが嬉しくて、お話会活動を続けています。子どもたちの前に立つと心が浄化され、輝く瞳からエナジーをいただいています。子どもたちとお話との出会いはいつも「お話って楽しい！」と感じるところからスタートしてほしいな、と願っています。だから学童保育のわんぱく坊主から「ねえ、なんでこんなに面白い話ばっかり知ってるの？」などと言われるとついニヤリとしてしまうのです。

学童保育のお話会は学校でのお話会とは違って、規律から外れた開放的なムードの中で、一触即発の危機をはらみながら進行していきます。その子たちをガァーっと一気にお話の世界に連れ出すには、気力体力ともに充実していなければいけません。ですからなおのこと、波乱万丈の冒険を共有できた、と感じる瞬間は語り手として至福の時なのです。

大人からは「末吉さんのはなしを聞くと元気になる」とおだてられ、ついその気になって「元気人間代表」の気分になり、語りの会に出かけていきます。内実は、頭痛、胃痛、腰痛、冷え症、不眠症 etc…の「不定愁訴人間」なのでありますが、「語り」という営みは聞き手だけではなくて、語り手である自分自身にも「元気の素」を与えてくれているようです。

語りたい気持ち

私は土の匂いのする語り手でないことに心のどこかで劣等感をいだいている、いわゆる都市の語り手です。育った環境は、東京都大田区糀谷地区。貧しい農家の暮らしや過酷な農業体験に関しては、母の話を聞いているだけ。その強き母や優しい父が、生まれつき小柄な私をたいそう甘やかしてくれたおかげで、私はひよひよと折れやすい心を持った人間に育ちました。民話を語るにふさわしいバックグラウンドもたくましさも持ち合わせていません。それなのに、「語りたい！」その気持ちだけはいつも尽きることがありませんでした。

どうしてこんなに語りが好きなのか？　自問自答してみればその底に「人とつながりたい！」という気持ちがあるからなのですね。語りは語り手と聞き手の協同作業である、とはよく言われている言葉ですが、聞き手とのコミュニケーションが土台にあってはじめて、語り空間は成立します。聞き手の側の透明バリアを破り、たがいに心開いてお話を共有するその「とき」が大好きなのです。

「あど語り」とは「人の話にあいづちを打って語り合うこと（広辞苑）」なのだそうです。しっとりと静かなお話を語っているときも、聞き手は自分の共感を「ウン」とうなずいたりあいづちを打ったりして、語り手との糸はつながっているのです。まさにそこには協同作業の空間が広がっています。

聞き手参加型の語り

その、「ウン」のうなずき、心のうなずきを目に見えるような形にした語りが、聞き手参

加型の語りです。聞き手参加型といってもその形態はたくさんあります。

- 聞き手が語りに合いの手を入れるもの。
- 聞き手がお話の中に出てくるリズミカルな言葉の繰り返しや決まり文句、歌を唱和するもの。
- 動作や手拍子が加わるもの。
- 語りの中に劇遊びが組みこまれていて、聞き手が登場人物として参加するもの。
- 語り手からのクイズや問いかけに答えるもの。

……ｅｔｃ．

子どもたちは受け身でお話を聞くだけではなく、自分もお話に能動的にかかわりながらお話は進行してゆきます。語り手と一緒に声を発し、身体を動かし、歌ったり、繰り返しの言葉を唱和したりして共にお話の世界を創り上げていきます。声には不思議な力が備わっています。一方通行ではなく、聞き手も声を出して参加していくうちにいつのまにかお話が身体に染みついていきます。身体がお話を覚えてくれるのです。

本書のお話では、聞き手も唱和しやすいリズミカルな繰り返しの言葉や歌が太字になっています。聞き手にも声を出してもらって一緒にお話の世界を進めていく体験をしてください。語り手と聞き手が一体感を味わう醍醐味を実感していただけることでしょう。

ケイトとの出会い

私は一九九〇年から一九九四年まで、駐在員家族として米国コネティカット州のオールドグリニッジという町で暮しました。わずか三年と数か月の滞在期間でしたが、「末吉さんは普通の日本人の駐在員の奥さんたちの十年分、ここで生きたわね」と友人たちから羨まれるほど充実した日々でした。その日々をもたらしてくれたきっかけとなったのが、その町の図書館（ペロット・メモリアル・ライブラリー）の図書館員であるケイト・マクレランドとの出会いでした。ケイトは絵本のコルデコット賞や児童文学のニューベリー賞の審査委員長を務めるほどの優れた児童図書館員であり、魅力的なストーリーテラーでもありました。聞き手の子どもたちとのコミュニケーションを大切にしながら語るその術を自然体で教えてくれた人でした。そして私の語り手としての成長を心底喜んでくれた人でした。

ケイト・マクレランド

私は米国に引っ越す前の八年間、佐倉市の図書館でお話会活動をしたり家庭文庫を開いていました。それでオールドグリニッジ町に引っ越すとすぐに、日本人向けの家庭文庫を再開し、次女の通っている現地中学校（イースタン・ミドルスクール）では日本から持参した「三枚のお札」の小型人形劇を上演したりしていました。その噂がケイトの耳に届いたのです。バブル経済の弾ける寸前のその当時、米国のその町には日本人駐在員家族が急増していたのですが、現地の図書館に足を運ぶ日本人はそう多くはありませんでした。

「あなたがこの図書館でジャパニーズ・ストーリータイムを開いてくれたら、ジャパニーズマザーが子どもを連れて図書館に来てくれるかもしれないから、ここでジャパニーズ・ストーリータイムをやってくれないか？」……日本人を集めて日本語でお話会をしてくれないかと依頼してきたのです。なんと度量の広い国なのだろう！　と驚きました。こうして始まったペロット・ライブラリーでの日本語お話会は毎回大盛況で、隣町のダリエン・ライブラリーでも定期的にお話会を持つようになりました。

初めて「参加型の語り」に出会ったのもケイトのストーリータイムです。一方的に語るだけと思っていたストーリーテリングに、こんな双方向の語りがあるなんて！　それは嬉しい驚きでした。ケイトの連れて行ってくれたアメリカ人の大人の語りの集いでも、大人相手に参加型の語りをするストーリーテラーが何人もいました。老若男女が語り会場で共に歌ったり唱和したりしている様子は何とも楽しく温かな光景でした。

優れた語り手は優れた聞き手でもあり、優れた聞き手は語り手を育てることができる、ということを教えてくれたのもケイトでした。ケイトが語りを聞いているとき、心からうなずき、心から笑い、まなざしはいつもあたたかくやわらかでした。私はケイトの反応が嬉しくて心も体も活力がみなぎるのを感じたものです。ケイトは私の語りを熱狂的に愛してくれました。「私は日本語はわからないけれど、マサコの語りは理解できる。I love it! I love it! ……」と、百パーセントの絶賛でした。これがアメリカ流の人の育て方だったのでしょう。それまで褒められる体験など稀であった日本人の私は、すっかりその気になって「豚もおだてりゃ木に登る」のたとえどおり木に登ったのです。語り手としての感性と可能性が一気に花開いた時期でした。たった一人の本気の褒め言葉が、縮んでいた心を解放してくれたのでした。

あるとき、ケイトと私はこんな会話を交わしたことがありました。

「伝承の語り手はダイヤモンドで、私たちのような本で学んだ語り手はイミテーションと言われているのよ」

「日本でもそれは同じ。でも、子どもたち全員を伝承の語り手の住んでいるところに連れて行くことはできないし、世界中の子どもたち全員に昔話は必要。だからイミテーションと言われても、今このとき、まわりにいる子どもたちにお話を届けるのは私たちのミッションだとおもう」

「マサコはリトルダイナマイトだね。マサコならどこに行っても語れるよ。アフリカでだって語れるよ」

百パーセントの信頼の言葉は人をやる気にさせてくれます。その時の私はジャングルに行っても語れるような気がしていたのでした。

マクドナルドさんとの出会い

ケイトとの出会いが引き金となってたくさんのストーリーテラーたちと交流するようになりました。米国シアトル在住のマーガレット・リード・マクドナルドとの出会いもケイトの紹介によるものです。マクドナルドさんは一九九六年に来日し、山口県徳山市（現在の周南市）で開催された「第三回全日本語りの祭り」に出演して、日本人の聴衆に参加型語りの楽しさを満喫させてくれました。

このとき私は同時通訳者としてステージに立ったのですが、マクドナルドさんの要求はかなりハードでした。「私は単なる棒読みの同時通訳者は望んでいない。あなたはストーリーテラーとして私と一緒にタンデムストーリーテリングをしてほしい」つまり、同時通訳を

マクドナルドさんと、タンデムストーリーテリング。アメリカで

しながら二人語りの語り手として語ってほしい、という要望だったのです。これは実際やってみると、語り手として自分自身の可能性をさらに掘り起こすことができた貴重な体験でした。

　練習の時、マクドナルドさんは私に「英語の文章を見てはいけない」と言い、「今、私が語るのを耳で聞いたままどんどん語って」と言いました。聞き取れない単語をチェックしようとしても、「文字を見てはいけない」と言うのです。まさに口伝えの世界でした。しかしこの体験が文字に縛られない語りに目覚めるきっかけともなりました。公演会場で、聞き手の前にマクドナルドさんと並んで立ち、英語を聞き取ろうと全身がダンボの耳のようになりながら、「マクドナルドのおはなし世界」を一番楽しんでいたのも私だったとおもいます。

マクドナルドさんとはその後も何度か日本中を公演して回り、マクドナルド再話の昔話をたくさん「共に」語りました。これは大きな学びの機会となりました。参加型語りの無限のバリエーションやタンデム語り（掛け合いの二人語り）を深めることができたばかりでなく、昔話のシンプルな構造やシンプルな言葉表現、リズムなど、通訳者兼ストーリーテラーとして実体験し、「身体がお話を覚えてくれる」ことを体感することができたのですから。

次女の優香里と共訳でマーガレット・リード・マクドナルド著『ストーリーテリング入門』（二〇〇六年　一声社刊）を翻訳した際には、マクドナルド流「原話から再話へ」のプロセスを学ぶことができました。そしていくつかの心揺さぶる言葉にも出会いました。その本『ストーリーテリング入門』の一二七頁「昔話の守り人たち」の項目で、マクドナルドさんはこう述べています。

《大人向けの語りとして、苦心して、自己の魂を探求しながら創り上げたパーソナルストーリーや、丹念に磨き上げられた文学作品には高い芸術性があり、単に「子ども向けに語る」のとは水準がちがうという人がいますが、まったくもってナンセンス。芸術とは、「いかに準備に苦労したか」だとか、「発表時間の長さ」で、はかれるものではありません。芸術とは、耳や心ではかるものです。素朴に語られた寓話のほうが、精巧に練り上げた二十分の朗誦よりもよいこともあります。そして、あなたが所有している単純な「子ども」の昔話が、どこかの文化圏では「大人」社会での芸術作品であるかもしれません。「あなた」が好きなお話の形態を探してみましょう。見つかったら愛情をこめて育て上げ、「誇りを持って」世の中に送り出しましょう。》

また一五一頁「おそれずにお話を分かち合おう」の項目ではこうも述べています。

《互いに文化を受け入れようとしないことが増えているこの時代、私は、語り手たちが、自分たちの民族のものではない昔話を語ることをためらい、避けていることに気がつきました。これは、昔話の存続に関わる危険な傾向です。幾世紀を経て、これらのお話は文化から文化へと渡り続け、世界を巡り、それぞれの語り手によって変化と成長を遂げてきたのです。魅力的なベトナム版シンデレラは、一般的に知られているフランス版とはかなり異なっています。もし、ベトナムの語り手が、「このお話はフランスのものだから、私が語ってはいけない。だって私はフランス出身じゃないから」と言っていたとしたら、これは大きな損失です。そして、中世の旅人が、お話とバラッド（伝承俗謡・物語詩）を運んだことを考えてみてください。もしスペイン人が、モロッコのお話を再話してはいけないと信じていたらどうなったでしょう？　モロッコ人が、スペインのお話をいっさい再話していなかったら？　私たちの世界が今のように豊かなのは、文化を越えてお話を分かち合ってきたからです。希望や信念、ものの見方を「分かち合ってきた」からなのです。今は、民族意識のポケットにすべてのお話をしまいこむべき時ではありません。今は、これまで以上にお互いのお話が必要なのです。》

引用が長くなってもうしわけありませんが、みなさんにどうしても紹介したい文章があります。（一五一～一五三頁）》

《その1．ストーリーテリングは民俗芸能である。

私たちは民衆である。

ストーリーテリングは私たちのものである。

その2．ストーリーテリングはパフォーマンスである。

ボディランゲージ、お話の届け方、心構えなど、すべてを通して、語り手は「演じる」状態に入る。

その3．ストーリーテリングはパフォーマンスを越えるものだ。

ストーリーテリングは「イベント」である。

聞き手と語り手は互いに影響し合う。

その相互作用は、主張し合い、働きかけ合うグループドラマとなるかもしれない。それとも、単にその場が盛り上がるだけかもしれない。しかし、聞き手と語り手のあいだに生ずる遊びこそが、ストーリーテリングイベントの「こころ」である。

その4．ストーリーテリングは、聞き手によって形づくられる芸術である。

感覚のとぎすまされた聞き手を相手に何度も語ることが、お話の完成につながる。

その5．唯一の「お話のテキスト」などどこにもない。

世の中には、ある一人の語り手が、あるいっときに語ったお話の写しがあるにすぎない。お話は語り手から語り手へと常に変遷している。「これぞ正しい」テキストなどはない。バリエーションは無限にあるのだ。

その6．それぞれのストーリーテリングイベントには、自分たちの文化を背景にした上での役割や意味がある。

他の文化のお話を語るときでも、その語り手の

タフィー＝トーマス氏と、桐生市で

属する文化圏の中で、

語り手自身の文化的背景が織り込まれて、語りは機能してくる。》

この情熱的な文章を翻訳していたとき、ふつふつと熱い思いが湧き出てきたことを思い出します。

さて、右の引用文には「ストーリーテリング」という言葉が頻繁にでてきて、しっくりこない方もいらっしゃるかもしれませんね。マクドナルドさんのこの本（原題 "*THE STORYTELLER'S START-UP BOOK*"）を訳したときに、日本語タイトルを『語り手入門』とせずに『ストーリーテリング入門』としたのは私なりのこだわりがあってのことです。「ストーリーテリング」というと、日本ではこれまでどうしても狭義にとらえられ、図書館などで本（特に外国のお話）を丸暗記して暗唱する行為と思われてきました。そればかりではなく、「ストーリーテリングとは手も足も動かさず、声も変えず、一言一句間違えずに伝えること」と思い違いをしている人も少なくないようです。これは storytelling という英語が日本のお話会活動に入ってきたときに起きた悲しい誤解、勘違いです。「ストーリーテリング」は「語り」です。古代から綿々と伝わってきたお話を分かち合い、伝える、「語り」という行為なのです。これまで日本で「ストーリーテリング」という言葉に冠せられてきた狭い意味を変えたいものです。「ストーリーテリング＝語り」「ストーリーテラー＝語り手」という認識が普遍的になるように願っています。

語りの伝承の鎖

マクドナルドさんは「あなたは今、聞いたのだから、あなたも伝承の鎖の一部になるのです。さあ、語りましょう。次の人へこの鎖をつないでください」と述べています。二〇一一年に来日したイギリスのストーリーテラー、タフィー＝トーマス氏も同じことを言いました。「私は本から覚えたお話は語りません。私のお話はすべて人から聞いたお話です。だからあなたもこのお話を次の人に伝えてください」と。

私の語りに多大な影響を与えてくれたケイト・マクレランドはもうこの世の人ではありません。けれど、私はケイトが語ってくれたお話「インフォメーション・プリーズ」や「自由の鳥」や「ワイリーと毛むくじゃら男」をおぼえています。ケイトが学校で語っていたその時の表情や声や服装やアメリカの学校独特の匂いまでおぼえています。そしていま私はそれらのお話を日本の学校のお話会で子どもたちに語っています。この世にいなくなってもその人が語ってくれたお話は残る……鎖はつながっていくのですね。

☆お話会のはじまりに語る話

1．深〜い　深〜い話

むかし、
深〜い　深〜い　海がありました。

その、
深〜い　深〜い　海の底に、
深〜い　深〜い　森がありました。

その、
深〜い　深〜い　森の奥に、

深〜い　深〜い　泉がありました。

その、
深〜い　深〜い　泉の底に、
深〜い　深〜い　穴がありました。

その、
深〜い　深〜い　穴をおりていくと、
深〜い　深〜い　空がありました。

その、
深〜い　深〜い　空を歩いていくと、
きらきらひかる
光の卵が
ひとつ　ありました。

その、
きらきらひかる光の卵が
パカン！　と割れて…
中から
オハナシオハナシオハナシオハナシ　（ささやくように）
オハナシオハナシオハナシ　（悲しそうに）
オハナシオハナシオハナシオハナシ　（怖い声で）
オハナシオハナシオハナシオハナシ　（楽しい声で）
お話！
が、
とびだしてきましたぁ！

【ひとこと】

お話会の始まりの時、私はティンシャを鳴らします。そして、現実の世界からお話の世界へのいざないとして、この「深〜い　深〜い話」を語ります。「深〜い、深〜い」という言葉が繰り返されるたびに、子どもたちの心が解きほぐされてゆくのを感じ、語り手と聞き手の間の垣根が開かれるのを感じます。子どもたちは「エーッ！うそぉ〜　ありえなぁい！」と言いながら隣りの子と肩を寄せ合って笑い、笑いながらまた唱和して、いつのまにか楽しいお話空間を共有しています。これからはじまるお話会への期待感の高まるときです。

ティンシャ

【聞き手参加型の語りにチャレンジ！】

一行語るごとに、同じ言葉を繰り返し唱和してもらいましょう。聞き手と語り手、双方の心におまじないをかけたら、楽しいお話会のはじまりはじまり〜！

Ⅰ．知恵を使う話・使わない話

2．小鳥と虫（カンボジア）

あるとき、一羽の小鳥がお腹をすかせて飛んでいました。

「ハラペコだぁ、ふぁ～」

小鳥は、あっちをきょろきょろ、こっちをきょろきょろ、おいしいえものをさがしました。……と、そのとき
「あっ！みつけたぁ！」

小鳥はいいものをみつけましたよ。

木の枝に虫が一匹、ノソノソノソ……

「うまそうな虫！　いっただきまぁす！」

「待って！　あたしを食べないで！　とっても、きれいな小鳥さん」

「え？　ああ、もちろんさ！　そりゃぁ、おいらの羽根はきれいだよ。だけど、おいらハラペコなんだ。いっただきまぁす」

「光ってる……つやつやしてるわ……ステキよ」

「もちろん！　光ってる。つやつやしてるよ。

だけど、おいらハラペコなんだ。いっただきまぁす」

「待って！　とってもきれいで、ステキな小鳥さん。あたしを食べてもいいわ。でもその前になぞなぞをしましょうよ」

「なぞなぞ？」

「ええ、そうよ。これから三つの質問をだすわ。

一問でも正解したら、あたし、喜んであなたに食べていただくわ。

とってもきれいで、ステキで、頭のいい小鳥さん」

「おもしろそうだな。そりゃあ、おいら、格好だけじゃないんだぜ。もちろん！　知性と教養にだってあふれているんだ。どんな質問だ？　言ってみろよ」

「質問その一」小さな虫は歌い始めました。


♪

答えて、答えて、この世で、一番甘い匂いは、なぁに？

甘い匂いのするもの、なぁに？


「簡単さぁ」

小鳥は、はりきって答えました。

「この世で一番甘い匂いのするもの。ハチミツさ！」

「残念でした。ハズレよ」


「質問その二」小さな虫は、また歌いました。

♪　答えて、答えて、この世で、一番いやな匂いは、なぁに？
いやな匂いのするもの、なぁに？

「ううん、あれかな？……」

小鳥は答えました。

「腐った魚！」

「残念でした。ハズレよ」

「質問その三」小さな虫は、また歌いました。

♪　答えて、答えて、この世で、一番良い匂いは、なぁに？

良い匂いのするもの、なぁに？

小鳥は喜んで答えました

「それは、もちろん……花の香りさ！

さあ、こんどこそ、お前を食ってもいいよな？　いっただきまぁす！」

「残念ながら、全問ハズレよ！」

「なんだって？」

小鳥は驚きました。

そして今度は小鳥が歌いはじめました。

♪

答えて、答えて、この世で、一番甘い匂いは、なぁに？
甘い匂いのするもの、なぁに？

小さな虫は答えました。
「この世で一番甘い匂いのするもの……それは、甘い言葉よ」
「うっ、ズシンときた。たしかに、そうだよなぁ……心当たり、あるぜ……それじゃぁ……」

小鳥はまた、歌いました。

♪

答えて、答えて、この世で、一番いやな匂いは、なぁに？
いやな匂いのするもの、なぁに？

小さな虫は答えました。

「この世で一番いやな匂いのするもの……それは、意地悪な言葉よ」

「うん、本当にそうだよなぁ……おいらにもつらい思い出があるよ……それじゃぁ……」

小鳥はだんだん真剣になってきました。

♪　答えて、答えて、この世で、一番良い匂いは、なぁに？
　良い匂いのするもの、なぁに？

小さな虫は答えました。

「この世で一番良い匂いのするもの……それは、やさしい言葉よ。親切心と、友情にあふれたやさしい言葉……」

「うぅぅ。そうだ、そうだよなぁ……泣けるぜ……お前、いいこと言うよなぁ……ありがとよ。さいならぁ」

小鳥は歌いながら飛び立っていきました。

お腹はすいていたけれど、心はいっぱいに充たされていました。

小さな虫は小鳥を見送りながら、あの歌をうたっていました。（さあ、ご一緒に歌いましょう）

♪　答えて、答えて、この世で、一番甘い匂いは、なぁに？
甘い匂いのするもの、なぁに？

♪　答えて、答えて、この世で、一番いやな匂いは、なぁに？
いやな匂いのするもの、なぁに？

♪　答えて、答えて、この世で、一番良い匂いは、なぁに？
良い匂いのするもの、なぁに？

それは……「こ・と・ば」……だったのですね。
おしまい

【ひとこと】

カンボジアの語り手　TAING PHALINE（ティアン・ファリン）が語ったお話をタイの語り手　WAJUPPA TOSSA（ワユパ・トサ）　が英訳再話し、さらに私が　日本語訳再話した作品です。タイ・マハサラカン大学教授のワユパ・トサとタイで語りの旅をしていたとき、ワユパが小学生に向けてタイ語で語っている様子がとても楽しそうだったので興味を抱きました。英訳していただいて、その内容がわかったとき、さらに深く共鳴しました。

3．コカの亀（アフリカ）

昔、コカ村というところに一匹の亀がいました。

あるとき、亀は旅に出ました。


♪コカ〜の亀、コカ〜の亀……♪　と、歌いながら、のんびり歩いていきましたよ。

ところが、ある村までやってきたとき、亀は一人の男につかまってしまいました。


「おーい、亀をつかまえたぞ！」

男が叫ぶと、村びとたちがぞろぞろと集まってきて、亀をとりかこんで口々に言いました。

「まあ、おいしそうな亀だこと。

今夜は久しぶりに亀のシチューね」

「う、うまそう……」

「しかし、見てみろよ。かたそうな甲羅だぜ。
この甲羅、どうやって切るかな？」
するど肉屋が言いました。
「おいら、丈夫な包丁持ってるぜ。
肉屋の包丁なら、亀の甲羅でも何でもござれだ」
これを聞いて亀はふるえあがりました。
「えっ？　あんな包丁で切られたら、ぼく、死んじゃうよ……」
でも、自分の命は自分で守らねばなりません。
亀は助かる方法を必死で考えました。
「ああ、どうしよう、どうしよう、どうしよう……そうだ！」
亀はいいことをおもいつきましたよ。

亀はピョンと飛びはねて村びとたちの前に出ると、おもいきり元気よく言いました。
「肉屋の包丁だって？　冗談じゃないよ。
ぼくはコカ村で生まれて、コカ村で育ったコカの亀だ。
コカの亀は強いのさ！」

そして歌いながら踊りはじめました。

♪　コカの亀、コカの亀、
かたい、かたい甲羅、
かたい、かたい甲羅、
肉屋の包丁じゃ、
肉屋の包丁じゃ、
切れっこないさ、このぼくを！

これを聞いて村びとたちは驚きました。

「おい、肉屋の包丁じゃ無理だとよ。

コカの亀の甲羅はそうとうかたいんだな」

するときこりが言いました。

「オノでたたき割るってのはどうだい？」

これを聞くと亀はまた言いました。

「きこりのオノだって？　冗談じゃないよ。コカの亀は強いのさ！」

♪　コカの亀、コカの亀
かたい、かたい甲羅、
かたい、かたい甲羅
きこりのオノじゃ、きこりのオノじゃ
割れっこないさ、このぼくを！

村びとたちはコカの亀のはったりをすっかり信じてしまいました。

「そうだ、でっかい石を上から落としてベチャっとつぶそう」

「でっかい石だって？　冗談じゃないよ。コカの亀は強いんだぞ！」

♪　**コカの亀、コカの亀**
かたい、かたい甲羅、
かたい、かたい甲羅
でっかい石じゃ、でっかい石じゃ
つぶせっこないさ、このぼくを！

村びとたちはああでもないこうでもないと、コカの亀の甲羅をこわす方法を相談しました。

一人の女の人がさもいじわるそうに言いました。

「そうだわ！　わたし、名案をおもいついたわ！

川でおぼれさすっていうのはどうかしら?」

これを聞くと、亀はあおざめて、ブルブルとふるえはじめました。

「川だって?　だめ、だめ!

ぼく、水だけは弱いんだ。

ああ、おなさけぶかいみなさま、

ぼくを、包丁で切りきざんでもかまいません。

オノで割っても、石を落としてもかまいません。

でも、どうか、お願い!

ぼくを川の中に落とすのだけはやめて!」

さあ村びとたちは大喜びです。

「おい、聞いたか、聞いたか?

コカの亀の弱みは水だとよ。

さあ、川の中にほうりこめ〜!」

村びとたちは連れ立って、川のほとりまでやってきました。

「さあ、亀を川にほうりこむぞ。それ！」

ボチャ〜ン！

コカの亀は、たくさんの人々が見守るなか、つぶつぶつぶと水の中に沈んでいきました。

村びとたちは、亀がおぼれて浮かび上がってくるのを待ちました。

「今夜は、亀のシチューだぞ……」

「ひさしぶりにごちそうだぁ……」

……やがて、

コカの亀が水の上に浮かび上がってきました。

こんな歌をうたいながらね。

♪　コカの亀、コカの亀、
泳げるよ、泳げるよ
ぼくの家は、ぼくの家は、
水の中、水の中、
バイバイバイ　バイバイバ～イ……

こうしてコカの亀は、元気よく川を泳いでふるさとのコカ村に帰っていきましたとさ。
おしまい

【参考文献】

Margaret Read MacDonald, *The Storyteller's Start-up Book*（August House）

４．ほら吹き凡平どんと峠の化け物（日本）

昔、ある峠で化け物が出るという噂がでた。

そこで村の衆があつまって化け物退治の相談をしたんだが、みんなおっかながって自分から峠に行くと言いだす者はいなかったと。

そこへ、ほら吹き凡平どんがやってきた。

「おらにでっかい袋を貸してくれ。化け物、退治してくるだぁ」

村の衆は、

「また、凡平どんの大ぼらがはじまった……」

と思ったが、行かせてみることにしたたと。

さて、凡平どんが峠にたどりつくと、急にあたりがピカピカと明るくなった。

そして、

「ぼんぺい〜」


と、おそろしげな声がして、ふたつ目の大にゅうどうがあらわれたと。

大にゅうどうは目玉をグルグルまわして、凡平どんをおどかしたと。

凡平どんは、ちっともおっかながらないで、

「なんだ、そんなこと、おらだってできるぞ」

と言って、自分も目玉をグルグルまわしてみせたと。

すると、大にゅうどうの目が、ポッ……ひとつ消えた。

そしてこんどは、ひとつになった大きな目玉をグルグルまわして、凡平どんにおっかぶさってきたと。

凡平どんはあいかわらずニコニコ笑って言ったと。

「おら、もっとすごいことができるぞ。見ててくろや」

凡平どんは袋に足をつっこむと、クルンと逆立ちした。

そして、

「カンチ、コンチ、スッコンチャー」

と言いながら、歩いて見せたと。

するとと化け物は

「おれにも、教えてくれ～」

と言い出した。

「いいとも。だけど、ここは上り坂でむずかしいから、たいらなとこに行ったら教えてやるよ。ひとまず、この袋にはいってくれ」

凡平どんがそう言うと、化け物は　ヒョ～ン　スポっと、袋に入った。

凡平どんはその袋を「よっこらしょ」とかついでこう言ったと。

「いいか、これからまじないのことばを教えるからな。おらが、『古道、古坂、古峠』と唱えたら、おまえは『カンチ、コンチ、スッコンチャー』と言え」

「ああ、いいとも……」

凡平どんは、袋を背負って化け物をだましだまし、峠を下りていったと。

凡平どんが袋をゆすりながら「古道、古坂、古峠」と言うと、袋の中から

「カンチ、コンチ、スッコンチャー」と、化け物がこたえたと。

「古道、古坂、古峠」

「カンチ、コンチ、スッコンチャー」

「古道、古坂、古峠」

「カンチ、コンチ、スッコンチャー」

「古道、古坂、古峠」

「カンチ、コンチ、スッコンチャー」

凡平どんはどんどん速く唱え、袋をゆさぶった。

「古道古坂古峠古道古坂古峠古道古坂古峠古峠古古峠古峠」

「カンチコンチスッコンチャーカンチコンチスッコンチャーカンチコンチスッコンチャー

……カンチ……コンチ……スッコン……」

そのうち、袋の中の声はだんだんちいさくなって、やがて聞こえなくなったと。

こうして凡平どんは、村に帰ってきた。

村の衆の前まで行くと、凡平どんは背負っていた袋をドサッとおろした。

「ほら、化け物を生け捕りにしてきたぞ！」

村の衆が、おっかなびっくり、袋をあけてみると、お腹に白い毛をはやした古ムジナが、目まわしてはいっていたと。

ばけものの正体はムジナだったんだと。

それからというもの、その峠には化け物がでなくなったと。

おしまい

【聞き手参加型の語りにチャレンジ！】

会場全体が凡平どんのかついでいる袋の中のつもりになって、会場内の聞き手は全員、袋の中の大入道になります。凡平どん（語り手）が袋を揺らす仕草をしながら「古道古坂古峠」と唱えたら、聞き手には「カンチコンチスッコンチャー」とこたえてもらいましょう。

【参考文献】

『むがす、むがす、あっとごぬ　第一集』佐々木徳夫編（未来社）

5．女の子とオオカミ（ハンガリー）

むかし、ある大きな森の中に洞窟がありました。

その洞窟には、女の子がたった一人で住んでいました。

ある冬のこと、腹ペコオオカミが女の子をねらってやってきました。

「ううぅ……腹が減った……たしかこのあたりの洞窟に女の子がいたはずだ。あいつはきっとうまいぞ。肉もやわらかそうだ……」

オオカミは洞窟の入口に立って、さもやさしそうに声をかけました。

「お嬢ちゃん、こんな大きな森の中に一人で住んでこわくはないのかい？」

女の子はちょうどそのとき、大きなお鍋でスープを煮ているところでした。

女の子はオオカミの声にぎょっとしましたが、勇気を出して言いました。

「ちっともこわくないわ。森の動物たちはみんなわたしの友だちですもの」

すると、オオカミはいきなり洞窟の中に入ってきて女の子にとびかかりました。

女の子は鍋をつかむと、煮えたぎったスープを力いっぱい狼にぶっかけました。

「ギャー！　アヂィィー！」

オオカミは悲鳴を上げて洞窟から逃げていきました。

さて、オオカミはくやしくてなりません。

女の子から熱いスープを浴びせられたため、大やけどをして、頭がはげてしまったのです。

「ううぅ、生意気なやつ……いまにみてろよ……きっとあいつを食ってやる」

はげオオカミは、復讐しようと仲間をあつめて洞窟にむかいました。

女の子はオオカミの群れがこっちに向かってやってくるのを見ると、高い木に登りました。

オオカミは木に登ることはできません。

そこで相談してオオカミばしごを作ることにしました。

一番下にはげオオカミがふんばって立ち、その上に一匹、さらにその上に一匹……と、順々にのぼっていって、木のてっぺんにいる女の子をおそうことにしたのです。

まず、はげオオカミが二本の後ろ足で立ち、二本の前足を木の幹にかけました。

その上に次のオオカミがのぼりました。
その上に三匹め、さらにその上に四匹め、というようにオオカミたちは上へ上へとのぼっていきました。
女の子はこの様子を木の上からじっと見ていました。
「♪～ルールルル……は～げの上に、
一匹のぼった、ルールルル
二匹のぼった、ルールルル
三匹のぼった、ルールルル
四匹のぼった、ルールルル
五匹のぼった、ルールルル
六匹のぼった、ルールルル
七匹のぼった、ルールルル
八匹のぼった、ルールルル
九匹のぼった、ルールルル
十匹のぼった、ルールルル

十一匹のぼった、ルールルル
十二匹めがのぼってくるよ、ルールルル
は～げをいれて　あわせて……十三匹、ルールルル」

十三匹目のオオカミが一番上の木の枝に前足をかけようとしたその時です。

女の子は大きな声で叫びました。


「はげにスープをかけちゃうぞ！」


オオカミたちの一番下でふんばっていたはげオオカミは、あのときの熱さをおもいだすと、もう、こわくてこわくてたまらなくなり、震えあがって一目散に逃げ出しました。

オオカミばしごは突然くずれてしまったのです。

ほかのオオカミたちはいっぺんに転げ落ち、なにがなにやらわからぬうちに、散り散りに逃げていきました。

それからというもの、オオカミたちは女の子の住む洞窟には決して近寄りませんでしたって。

おしまい

【参考文献】
『ハンガリー民話集』岩波書店

6．めちゃくちゃ王さま（インド）

昔、ハルバングプルという町に「めちゃくちゃ王さま」というあだ名の王さまがいました。

ある日のこと、町の番人がめちゃくちゃ王さまのところに報告にやってきました。

「王さま、泥棒がひとり死にました」

「ほう、なぜじゃ？」

「盗みに入ろうとした家の塀が崩れてその下敷きになったのでございます」

「では、その塀を造った石工を呼べ」

石工がめちゃくちゃ王さまに呼び出されました。

「塀の造りが悪いから、泥棒が死んだ。

そなたの責任じゃ。縛り首にする」

石工はあわてて弁解しました。

「私が塀を造っているとき、王女さまが足環をちゃらちゃら鳴らしてお通りになりました。それで気が散ってしまったのでございます」

「では、王女を呼べ」

王女さまがめちゃくちゃ王さまに呼び出されました。

「そなたが足環をちゃらちゃら鳴らし、石工が気を散らせ、出来の悪い塀を造って、泥棒が死んだ。そなたの責任じゃ。縛り首にする」

「とんでもないわ、おとうさま。きれいな足環を作った金細工師が悪いのよ」

「では、金細工師を呼べ」

金細工師がめちゃくちゃ王さまに呼び出されました。

「そなたがきれいな足環を作り、

王女が足環をちゃらちゃら鳴らし、
石工が気を散らせ、
出来の悪い塀を造って、
泥棒が死んだ。
そなたの責任じゃ。縛り首にする」
金細工師は悲しそうに答えました。
「私はこんなにやせてみすぼらしい男でございます。こんな私を縛り首にしても王さまに何の得がありましょうか？」
「では、太った男を呼べ」

そこで、この町で一番太った男がめちゃくちゃ王さまに呼び出されました。
「やせた金細工師がきれいな足環を作り、
王女が足環をちゃらちゃら鳴らし、
石工が気を散らせ、
出来の悪い塀を造って、

泥棒が死んだ。

それというのも太っているそなたが悪い。縛り首にする」

死刑執行の朝がきました。

めちゃくちゃ王さまはじめ、町のひとたちみんなが絞首台の前にあつまりました。

太った男がうなだれて絞首台にのぼろうとしたそのとき、
占いばあさまがやってきて誰にも聞こえるような大きな声で太った男に言いました。

「あんた、運がいいねえ。今日このときに縛り首になれば、まっすぐ天国に行けると占いに出たよ。おまけに来世でもこの国の王さまになれるのさ」

これを聞きつけためちゃくちゃ王さまは言いました。

「オッホン！　それでは余が縛り首になることにいたそう」

めちゃくちゃ王さまは自分から絞首台にのぼっていきました。

それを止める人はいませんでしたって。

おしまい

【参考文献】

『世界の愚か村話』編訳＝日本民話の会・外国民話研究会（三弥井書店）

Ⅱ．ちょっとこわい話

（カナダにて筆者撮影）

7. へいちゃらかあちゃんと飛ぶ首（カナダ・イロコイ）

昔、あるところに元気なかあちゃんがいました。

かあちゃんは何か困ったことが起きるといつも、「そんなこと、へいちゃらさ！」と言うのが口グセでした。

どんなに貧乏でも、「**へいちゃらさ！**」

どんなにいじわるされても、「**へいちゃらさ！**」

どんなに恐い目にあっても、「**へいちゃらさ！**」

と言って笑いとばしていたのです。

だからみなは、このかあちゃんのことを「へいちゃらかあちゃん」と呼んでいました。

ある日のこと、へいちゃらかあちゃんは小さい坊やをおんぶして、森の中を歩いていました。

かあちゃんはごちそうのいっぱいつまった袋を持っていました。
となり村に住んでいるおばあさんに届けにいくところだったのです。

森の奥まで来た時、ザワザワザワ……と、木が騒ぎだしました。
かあちゃんが後ろを振り返って見ると、空のかなたからビュンビュン飛んでくるものがあります。

飛ぶ首です！
飛ぶ首はいつもおなかをすかせている化け物です。
長い髪の毛を振り乱し、大きな口をあけて飛んでくるのです。
首から下に胴体はなく、
二本の腕がダランとぶらさがっていて、
長い爪のはえた手をのばし、
獲物をガシっとつかまえたら……
ムシャムシャバリバリ、全部食べ終えるまで決してはなしません。
かあちゃんと坊やの匂いもじき嗅ぎつけることでしょう。

かあちゃんは

「へいちゃらさ！」

と言って、袋から食べ物を取り出し、後ろにまき散らしました。

あっちの方角、こっちの方角、四方八方にまき散らしてから駆けだしました。

かあちゃんは坊やに言いました。

「こわがるんじゃないよ。ぜったい、あんなやつにつかまらないからね。

飛ぶ首なんて……**へいちゃらさ！**」

飛ぶ首は人間の匂いを嗅ぎつけると、森の中を低く飛んで探し始めました。

そしてかあちゃんがまき散らした食べ物を見つけると、ムシャムシャバリバリ食べました。

がっつきな首は四方八方クンクン嗅ぎまわり、どんな小さなかけらも見つけだして食べました。

その間にかあちゃんはどんどん走って逃げました。

首は最後のひとかけらを食べ終えると、かあちゃんたちの匂いを追って飛んできました。

かあちゃんは走って、走って、走りました。

飛ぶ首はぐんぐん近づいてきます。

「ああ、どうしよう」と思ったそのとき、
かあちゃんは、昔、じいさまから聞いたことばをおもいだしました。

「ちいさな子どものモカシンには魔よけの力がこもっておるのじゃ……」


かあちゃんは坊やに言いました。

「泣くんじゃないよ。飛ぶ首なんて……**へいちゃらさ！**」

かあちゃんは坊やの靴をぬがせると後ろに投げました。

飛ぶ首は食べ物が飛んできたと思い、つかまえようとしました。

が、どうしたわけか、靴はヒョーイ、ヒョイと跳びはねます。

「アリャ?-?-?　待て！　待て、待て……」

靴を追いかけているうちに、長い髪の毛がイバラのしげみにひっかかってしまいました。

「エイ、エイ！」

髪の毛を引っ張れば引っ張るほど、ますますイバラにからまってしまいます。

「アイタッ！　うぅううう、エイ、エイ！」

かあちゃんはそのすきに松の木に登って隠れました。

「シー。静かにしているんだよ、坊や。ここに隠れていればみつからないからね。飛ぶ首なんて……**へいちゃらさ！**」

飛ぶ首はようやく髪の毛をほどくと、カンカンに怒って、ビュンビュン飛んできました。

あの松の木の根元まで来たとき、首は「おや？」と思いました。

人間の匂いはすぐ近くに感じるのですが、姿が見えません。

「クンクン、におう、におうぞ、たしかにこのあたりにいるはずなんだがな……」

ちょうどそのとき、木のてっぺんでは、坊やがかあちゃんの背中から、「ウーン…」と、手をのばしました。

ところが、その手が近くの小枝にぶつかってしまったのです。

ポキン！

小枝は折れて、下に、下にと、落ちていき……

バサッ！

飛ぶ首の上に落ちました。

「ウヒャー！　ヤマアラシめ！　わしをチクチク刺すつもりだなぁ」

落ちてきた小枝をヤマアラシにおそわれたと勘違いした首はカンカンにおこって松の木に体当たりしました。

「こいつめ、こいつめ、こいつめ！」

すると、腐りかけていた大きな木の枝が、メリメリっと折れて、

ドスン！……首は大きな枝の下敷きになってしまいました。

かあちゃんは坊やに言いました。

「ほうらね。飛ぶ首なんて……**へいちゃらさ！**」

それから、へいちゃらかあちゃんは松の木を下りて、

走って、走って、森を駆け抜け、
走って、走って、村の入り口にたどり着き、
走って、走って、自分の家に帰り、
バタン！　とドアをしめ、
ガチャン！　と中からかんぬきをかけました。
それからかあちゃんは、炉の火をかきおこして、ほっとひと息つきました。
「坊や、おなかがすいただろう？　栗を焼いてあげるからね」
かあちゃんは栗を火の中に投げ込みました。

さて一方、こちらは飛ぶ首です。

ようやく大枝の下から抜け出すと、カンカンに怒って、ビュンビュン飛んでかあちゃんの家まで追いかけてきました。

「あの女と子どもを絶対食ってやる！」

けれどもドアはかたく閉じられています。

そこで、屋根の上までヒューっと飛んで、煙出し穴から中をのぞいてみると、かあちゃ

んが火の中からなにかを取り出して食べています。

「う、うまそう……」

飛ぶ首はよだれが出てきました。

実はかあちゃんは、真っ赤に焼けた炭の中から焼き栗を取り出して食べていたのです。が、首はこう思いました。

「あの女、火を食っているんだな。火はよほどうまいものにちがいない。オレ様が横取りして先に食ってやる。火を食ったあと、女と子どもを食うことにしよう」

飛ぶ首は煙出し穴から飛び降りると、真っ赤に焼けた炭をつかんで、いきなり口におしこみました。

「ア、アヂィイイイー！！！」

飛ぶ首は叫び声を上げると、煙出し穴からとび出して逃げて行ってしまいました。

それからというもの、へいちゃらかあちゃんの村に飛ぶ首は二度とやってきませんでした。

やがて月日は流れて、へいちゃらかあちゃんはへいちゃらばあちゃんになりました。

村の子どもたちから
「へいちゃらばあちゃん、ねえ、お話して〜」

とせがまれると、あの日の話を語り、お話のおしまいには必ずこう付け加えました。

「どんなときでも、勇気を忘れちゃいけないよ。飛ぶ首だってこわくない。勇気をだせば……へいちゃらさ！」

おしまい

【聞き手参加型の語りにチャレンジ！】


難関を突破していく力強いかあちゃん、決してくじけない「へいちゃらかあちゃん」は、私のあこがれです。

聞き手に「**へいちゃらさ！**」を一緒に言ってもらいましょう。動作も決めておくと楽しさはさらにアップします。子どもたちは、

「どんなに貧乏でも」→「**へいちゃらさ！**」のあたりではまだ反応が少ないのですが、「どんなにいじわるされても」→のひとことから、ググッと話に共感を覚えてくれます。

そして次の「**へいちゃらさ！**」の声は一段と大きくなります。

【参考文献】
Joseph Bruchac, *IROQUOIS STORIES – Heroes and Heroines Monsters and Magic* (The Crossing Press)

（カナダにて筆者撮影）

8. なにもこわがらなかった女の子（オーストリア）

むかし、暗い、暗い森の中を、女の子が歩いていました。

父さんも母さんも死んでしまい、ひとりぼっちで、住む家もない女の子でした。

たべものをさがそうと、森でイチゴをつんでいるうちに、いつのまにか森の奥まで来てしまったのです。

このまま森で夜を過ごしたら狼に食べられてしまうかもしれません。

けれど、この子はとても勇敢な女の子でした。

女の子は元気に歌いました。

♪　こわくない　ヘイ！　こわくない　ヘイ！
あたしはなんにも…こわくない　ヘイ！

この歌は、母さんが死ぬ前に女の子に教えてくれた歌でした。

♪　**こわくない　ヘイ！　こわくない　ヘイ！**
あたしはなんにも…こわくない　ヘイ！

するとむこうに明かりが見えました。

女の子が行ってみると大きなお城がありました。

女の子がお城の大きな扉をたたくと、二階の窓からしゃれこうべが顔を出しました。

「なにかご用？」

女の子はちっともこわがらないで言いました。

「森で迷子になってしまったの。今夜ひと晩泊めてください」

するとしゃれこうべは言いました。

「こまったことにわたしは転げ落ちる事しかできないの。だから、扉を開けに下りて行ったら上がることができなくなってしまうんだよ」

「あたしがあなたを運びます」

「おやそうかい？　わたしをここまで運びあげてくれるなら泊めてあげるよ」

しゃれこうべは階段を転げ落ちてきて扉を開けてくれました。

女の子はしゃれこうべを持って階段を上がりながら、元気に歌いました。

♪　**こわくない　ヘイ！　こわくない　ヘイ！**
　あたしはなんにも…こわくない　ヘイ！

二階の部屋にもどしてあげると、しゃれこうべは言いました。

「台所に行って、ホットケーキを作ってきておくれ」

女の子は台所に行きました。

卵も小麦粉もたっぷりあります。

女の子はホットケーキを焼きながら、元気に歌いました。

♪　**こわくない　ヘイ！　こわくない　ヘイ！**

あたしはなんにも…こわくない　ヘイ！

煙突から死人の手や足がドサッ、ドサッと落ちてきても、元気に歌いました。

♪　こわくない　ヘイ！　こわくない　ヘイ！
あたしはなんにも…こわくない　ヘイ！

ホットケーキができあがり、女の子が二階の部屋に運んでいきますと、しゃれこうべは言いました。

「真夜中にガイコツがでてきておまえを引きずり出そうとしても、こわがっちゃいけないよ。こわがらなければ、引きずり出されずにすむからね」

「だいじょうぶ！　あたしはなんにも…こわくない！」

真夜中の十二時になると、ギイー…ギシギシ…カタカタカタ…ガイコツが出てきました。

女の子はベッドの中であの歌を歌いました。

♪　こわくない　ヘイ！　こわくない　ヘイ！
あたしはなんにも…こわくない　ヘイ！

ガイコツは力いっぱい女の子をベッドから引きずり出そうとしました。
女の子はベッドにしがみついて歌いました。

♪　こわくない　ヘイ！　こわくない　ヘイ！
あたしはなんにも…こわくない　ヘイ！

ガイコツはとうとうあきらめて行ってしまいました。

次の朝、目を覚ますと雪のように白い美しい女の人が立っていました。
「わたしを救ってくださってありがとう。わたしはゆうべのしゃれこうべです。この城にはおそろしい呪いがかけられていました。だれか勇敢な人がこわがらずにこの城でひと晩すごしてくださるまで、わたしは死んだあとも天国に行くことができず、しゃれこうべの姿でいなければならなかったのです。今や魔法はとけました。お礼にこの城をさしあげます。どうぞこの城の主になってください」

こう言い残すと、女の人は白いハトになって飛び去ってゆきました。

女の子はこのお城の女主人となりました。

そしてそれから先ずっと、しあわせにくらしたということです。

おしまい

【参考文献】

『世界の民話1』（ぎょうせい）

9. 妖精族に会った娘（アイルランド）

昔、あるところにケイトという名前の若い娘がいました。
ある日、ケイトは大きなお腹のカエルに会いました。
ケイトはカエルをからかいたくなって、つい、こんなことを言ってしまいました。
「あらカエルさん、あたしがお産に立ち会ってあげるわね。
だから、あたしが行くまで赤ちゃんを産んじゃだめよ」

その晩のことです。
ケイトの家に立派な身なりをした紳士がやってきて言いました。
「私はサリバンと申します。今夜ひと晩、娘さんをお貸しください。
どうしてもお宅の娘さんに立ち会っていただきたいことがあるのです。
私が責任を持って娘さんを送り届けますから、どうか、お願い申します」

そこでケイトはミスター・サリバンと一緒に出かけていきました。

やがて二人は丘のふもとにたどりつきました。

ミスター・サリバンは何やらブツブツとまじない文句を唱えました。すると……

切り立った崖の岩がひとりでにスゥーっと動き、そこにぽっかりと入り口ができました。

ミスター・サリバンは言いました。

「これから行く所で出される料理には手をつけないように。

ひとくちでも食べたら帰れなくなってしまうからね」

ケイトはミスター・サリバンについて、宮殿の大広間に入っていきました。

広間の奥ではお産が始まっているらしく、女たちが忙しそうに動き回っていました。

ケイトが到着したとたん、しわくちゃの醜い赤ん坊が生まれました。

赤ん坊は「ギャー、ギャー、ギャー」と、カエルのような声で、泣いていました。

……が、しばらくすると、他の女がどこかへ連れ去ってしまいました。

ほどなくして、別の女が丸々とした、可愛らしい赤ん坊を腕に抱えて入ってきました。

そして、今、お産をすませたばかりの女の手に渡しました。

赤ん坊はすぐに女の胸で乳を飲み始めました。

妖精はいつもこのようにして、人間から赤ん坊をさらってきて、妖精族の子と取替えてしまうのです。

ケイトは、この一部始終を、驚いて見ていました。

「ここは妖精の丘だったんだわ。あのときのカエルが妖精だったなんて！」

お産が無事に終わると、女たちが食事を運んできました。

「娘さん、おいしいよ。一口どうだね？」

「ほしくないわ」

ケイトはミスター・サリバンに言われたことを覚えていたので食べ物には手をつけませんでした。

やがてダンスパーティーが始まりました。

愉快な音楽が奏でられ、妖精族の人たちが広間で踊っていました。

ケイトはうきうきしながら見ていました。

そのうち夜明けが近くなると、妖精たちは帰り始めました。

ミスター・サリバンが言いました。

「さあ、娘さん、私たちもそろそろ帰ろうか……」

ケイトはミスター・サリバンの後ろについて出口に行きました。

さて、ここでケイトは、奇妙なことに気づきました。

妖精たちは広間を出る時、出口に置いてある水がめにちょっと指をひたしては、自分たちの目にあてているのです。

「何のおまじないかしら？　あたしもやってみよう……」

ケイトも真似をして、こっそり、指で水をひたして片方の目にあてました。

そこにあの赤ん坊を抱いた女がやってきて言いました。

「お産に立ち会ってくださったお礼に、この襟巻を差し上げましょう」

外に出ると、ミスター・サリバンは尋ねました。

「あの女から何かもらったかい？」

「ええ、襟巻きをいただいたの。ちょうどよかった！　寒いから首に巻いていくわ」

「いかん！」

ミスター・サリバンは大声をあげました。

「その襟巻きを首に巻いてはいけないよ。私は君を責任を持って送り届けるとご両親に約束したのだから。さあ、いい子だから、あそこの木にその襟巻きを巻きつけてごらん」

ケイトは不思議に思いながらも、木の幹に襟巻きを巻きつけました。そのとたん……

メリメリメリ……ドシン！

まるで巨人が押し倒したかのように木は倒されてしまいました。

ケイトはぞっとしました。

もしも首に巻いていたとしたら、首はあっというまにへし折れてしまったことでしょう。

ミスター・サリバンはケイトを家まで送り届けると、そのまま帰っていきました。

それから一年経ったある日、ケイトは町で偶然、あの不思議な紳士、ミスター・サリバンを見かけました。

あの晩、妖精の丘のダンスパーティーで踊っていた妖精族の人たちも一緒にいます。

ケイトは声をかけました。

「おじさま！　また、お会いできて嬉しいわ！」

「よく……この私に気がついたね。両方の目で私が見えたのかい？」

「いいえ、こっちの目では見えないわ。見えるのはこちらの目だけよ」

それはあの日、ケイトがこっそり、水がめの水を指でひたした片目でした。

ケイトがそう言ったとたん、ミスター・サリバンはさっと指をのばし、その片目をえぐりとってしまいました。

「もう二度と私を見ることはないだろうよ」

その言葉は本当でした。

その日以来、ケイトは二度とミスター・サリバンの姿を見かけることはありませんでしたし、妖精族に会うこともありませんでした。

おしまい

【参考文献】

『アイルランドの民話と伝説』三宅忠明著（大修館書店）

10．花嫁のくしゃみ（イギリス）

ある、霧のたちこめた午後、一人の笛吹きが道を歩いていました。

笛吹きは、結婚式に行くところでした。

パーティーでお祝いの笛を吹くことになっていたのです。

笛吹きはなんとなく気がすすみませんでした。

「ああ、結婚式より、葬式の方がましだよ……」……などと思いながら歩いておりますと……ふと気が付くと、同じ道を、小人たちが歩いています。

小人たちは笛吹きのことなど気にも留めず、おしゃべりしていました。

どうやら、小人たちも結婚式に行こうとしているらしく、なんと、花嫁を盗む相談をしていました。

「こりゃ、たいへんだ」と、笛吹きは思いました。

「おれは男だ。なんとかして花嫁を助けてあげなくちゃ……」

笛吹きは妖精の世界のことを少しは知っていました。

結婚式の間に花嫁が三度くしゃみをして、誰も気づかなかったら、花嫁は妖精に連れて行かれてしまうのです。

でも、くしゃみのあと、誰かがおまじないの言葉を言ってさえくれたら、さらわれなくともすむのです。

そのおまじないの言葉とは、「ジア・リング！」という言葉です。

（みなさんも覚えてくれますか？）↓（一緒に）「ジア・リング！」

さて、そうこうするうち、結婚式のパーティー会場にやってきました。

笛吹きは天井の垂木にのぼり隠れて見ていました。

お祝いのダンスが始まりました。

ダンスの一曲めが終わる前に、花嫁はくしゃみをしました。

「クシュン!」

けれど、にぎやかな音楽に消されて誰もそのくしゃみに気がつきませんでした。

ダンスの二曲めが終わる前に、花嫁はまた、くしゃみをしました。

「クシュン!」

けれど、こんどもまた、音楽に消されて、くしゃみに気づいた者はおりませんでした。

三曲目が始まりました。

もしも今度、花嫁がくしゃみをして誰も気がつかなかったら、花嫁は小人たちに連れ去られてしまうでしょう。

天井に隠れていた笛吹きは「なんとかしなくちゃ」と思いました。

笛吹きはかぎタバコの箱をあけると、天井から花嫁の上に、その粉をひとつまみふりまきました。

すると、花嫁は……

「フ、フ、フワァックション！」

と、大きな大きなくしゃみをしました。

音楽が止まりました。

一瞬、シーンと静まりかえったあと、その場にいた人々が一斉に、大きな声で言いました。

（「みんな、あの言葉、一緒に言ってね」と、聞き手を促す）

（一緒に）「**ジア・リング！**」

小人たちは自分たちが負けたことを知りました。

「逃げろ逃げろ逃げろ」

「次の花嫁を探そうぜ」

「探そうぜ」「探そうぜ」

サワサワサワサワ……と、あわてふためいて逃げ散っていきました。

さて、笛吹きは、大きなくしゃみに吹き飛ばされて、天井の垂木から落ちてしまいました。

「アイタタタ……う、いてぇ、……し、尻を打っちまったぁ……」

それでも笛吹きはその夜、花嫁を救ったのです。

笛吹きは嬉しくて、心を込めてお祝いの曲を吹きましたとさ。

おしまい

【ひとこと】

二〇一一年十一月、イギリスのストーリーテラー、タフィー＝トーマス氏が来日した時に聞いたお話です。タフィー氏は大英帝国五等勲爵士という称号を受勲した方なのだそうですが、「お話大好きおじさん」という呼び名の方がぴったりの方でした。「私は本から覚えたお話は語りません。私のお話はすべて人から聞いたお話です。だからあなたもこのお話を次の人に伝えてください」と言って、何かにつけて（ドライブの最中も、お土産屋さんの店内でも、あるいは道路に立ち止まり）思いついたお話を語ってくれるのです。「ジア・リング！」というおまじないの言葉は英語だと"Bless you!"です。子どもたちに語るときは「かぎたばこ」の説明も加えています。

11．アップ・ユーシカ（水棲馬）（イギリス・スコットランド）

スコットランド沖合い、ミングレイ島の森の奥深くにその泉はあります。

泉は水晶のように澄んだ水をたたえ、人々を誘っています。

けれども、島人たちは眉をひそめて、口々にこう言うのです。

「あの泉に近寄ってはいけないよ。あそこには悪い精霊どもがうごめいているんだから」


昔、この島に、フィンレイという名前の美しい若者がいました。

フィンレイには恋人がいました。

島一番の器量良しで心の優しい娘でした。

フィンレイはいつも恋人に夢を語っていました。

「ティル・ナ・ノーグを知っているかい？　そこは常若《とこわか》の国なんだ。

だれも老いることはない。決して死なない。飢えることもない。

光溢れる、妖精の国なんだよ」

娘は言いました。

「フィンレイ、あなたはそこに行きたいの？　わたしは、ここがいい。働いて、子どもを産んで、あたたかな家庭を作りたいわ」

娘はあふれ出そうな思いを抑えて、フィンレイから求婚される日を待っていました。

ある日のこと、フィンレイは迷子の羊を探して森の奥をさまよっていました。あたりには霧がたちこめ、いつのまにか「近寄ってはならぬ」と禁じられていた泉のほとりに来ていました。

するとどこからともなく、歌声が流れてきたのです。

〜♪　フィンレ〜イ……
　　ティル・ナ・ノーグ　へ　行こう
　　行こうよ　フィンレ〜イ……

「だれだ？　だれか、そこにいるのか？……人間か？　それとも……？」

すると、霧の中からぼんやりと人影が現れました。

「わたしは……水の世界に棲むモノ」

黒いマントに身を包み、美しい妖精がそこに立っていました。

「フィンレイ、わたしのとなりに座って……」

フィンレイは、吸い寄せられるように、妖精のとなりに座りました。

妖精は歌いました。

～♪　フィンレ～イ……
　　ティル・ナ・ノーグ　へ　行こう
　　　行こうよ　フィンレ～イ……

フィンレイはうっとりと目を閉じ、ほぉっと吐息をつきました。

フィンレイが目を開けたとき、妖精はかき消えていました。


その晩、フィンレイは眠れませんでした。

次の朝、夜があけるとすぐに、フィンレイはあの妖精に出会った泉のほとりに行きました。

「どうか、お願いだ……また出てきておくれ……」

すると……

～♪　フィンレ～イ……

「君だね……？　姿を見せておくれ」


「フィンレイ……」

あの妖精が現れました。

黒いマントに身を包み、妖精はこう言いました。

「さむい……フィンレイ、わたしの手をにぎって……」

フィンレイは妖精の隣に座り、その白く冷たい手を握りしめました。

妖精は、かの常若の国、ティル・ナ・ノーグに誘《いざな》う歌を甘やかな声で歌いました。

～♪　フィンレ～イ……
　ティル・ナ・ノーグ　へ　行こう
　行こうよ　フィンレ～イ……

「行こうよ……フィンレイ……」


フィンレイはその晩も眠れませんでした。

フィンレイの心は妖精で満たされていて、若い恋人のことなどすっかり忘れていました。

娘が枕を涙でぐっしょりぬらしていることなど、思いやるゆとりもありませんでした。

そして、次の朝もフィンレイは森に行ったのです。

妖精はこう言いました。

「さむい……フィンレイ、わたしのとなりに座って、あなたの腕をまわして……」

フィンレイが言われた通りにすると、妖精はマントでフィンレイを包みこみました。

黒いマントの中で、妖精はフィンレイの耳に囁きました。

「フィンレ～イ……」

やがてその声はだんだん恐ろしい声に変わりました。

「フィン……レ～イ……**フィンレ～イ**……」

腕の中の妖精は消え、黒い馬が牙をむきだし、のしかかってきました。

それは水に棲む馬の妖怪、アッフ・ユーシカでした。

「**ヒトの子よ。底なしの闇で、我が餌食となれ**」

マントがグイグイと身体を締め付け、フィンレイは逃げようにも身動きできません。

最後の瞬間、フィンレイは村に残してきたあの優しい娘の名を呼びました。

ちょうどそのとき、娘は牛の乳をしぼっていました。

娘の心の耳がフィンレイの声をとらえました。

愛しいフィンレイが自分を呼ぶ声を聞いたのです。

「フィンレイ？……何が起きたの？」

娘は泉に向かって走り出しました。

娘の心は、フィンレイを思う気持ちで一杯でした。

「フィンレイ！　フィンレイ！　フィンレ～イ！！！」

そのあと、泉のほとりで起きてしまった恐ろしい出来事は、みなさんのご想像どおりです。

フィンレイは片腕一本を残して、底なしの闇の中に引きずり込まれて行ってしまいました。

その片腕をしっかり握り締めていたのは、無残に引き裂かれた娘のなきがらでした。

おしまい

【参考文献】

Heather Mcneil, *The Celtic Breeze* (Libraries Unlimited)

12. サトリ（日本）

昔、ひとりの旅人が山道を歩いていたと。

ところが途中で日が暮れてしまった。

「しかたがない。今夜はここで野宿すべぇ」

旅人は枯枝を集めて火を焚いていたと。


しばらくして旅人は気づいた。

焚き火の向こう側に、世にも奇妙ななりをした小さい爺さまがニンマリ笑っていたんだと。

「あれ？　この爺さま、どこから来たのかな？」

旅人が不思議に思っていると、爺さまは言った。

「おめぇ、今おらのこと、この爺さま、どこから来たのかな？　と思ってるだべ？

な、あたったべぇ？」

「なんだか薄気味の悪い爺さまだな……」

と、旅人が思っていると、爺さまは言った。

「おめぇ、今おらのこと、なんだか薄気味の悪い爺さまだな、と思ってるだべ？

な、あたったべぇ？」

「そうか、こいつはうわさに聞くサトリの化け物にちげえねぇ……」

と、旅人が思うと、爺さまは言った。

「おめぇ、今おらのこと、そうか、こいつはうわさに聞くサトリの化け物にちげえねぇ、と思ってるだべ？

な、あたったべぇ？」

「うぅ、おっかねぇ、人の考えていることは何でも悟られちまう……」

「おめぇ、今おらのこと、うぅ、おっかねぇ、人の考えていることは何でも悟られちまう、

と思ってるだべ？

な、あたったべぇ？」

「よし、何も考えない、何も考えない……」

「おめぇ、今、何も考えない、何も考えない、と考えてるだべ？

な、あたったべぇ？」

旅人は逃げるに逃げられず、そうこうするうちに焚き火の火が弱ってきたんだと。

旅人は焚き火の中にくべようと、枯枝をひざ小僧にあて、ボキッと折った。

その途端、木っ端が飛んでサトリの目玉に突き刺さった！

「ギャー！　いてぇぇ！　おらのサトリきれねえことをするやつがいたぁ！

おっかねぇぇぇぇぇ……」

サトリは山奥にビューンと逃げて行ってしまったと。

サトリは今も山奥に棲んでいるんだと。

この次、山道でサトリに出会うのは……もしかしたら……

おまえだぁ！

【聞き手参加型の語りにチャレンジ！】

聞き手に向けて手をさしだしながら、「**な、あたったべぇ？**」を一緒に言ってもらいましょう。

タイやハワイでも聞き手参加で語って大喜びされた作品です。「NA? ATATTABE?」という言葉と「SATORI」という妖怪の存在は彼らの記憶にとどまっていることでしょう。

Ⅲ・愛の話・友情の話

13. 七つの海越えナシーブ探しに（インド）

昔、あるところに運に見放された貧しい若者がいました。

若者は仕事もなく、お金もなく、今にも飢え死にしそうでした。

そこで金持ちの兄さんの家に食べ物を恵んでもらおうと出かけていきました。

ところが、意地悪な兄さんは、弟に一杯の水さえ与えてはくれませんでした。


兄さんの家からの帰り道、若者は奇妙な男に出会いました。

「やい、お若いの。気の毒なこったなぁ」

「おまえは誰だ？」

「おれっち、あんたの兄貴のナシーブだよ。ナシーブっていうのはな、守護霊のことさ。幸運の神とも呼ばれているよ。あんたの兄貴が金持ちで幸運なのは、おれっちがいつも守ってやっているからさ」

「それじゃあ、おいらのナシーブはなにをしているんだ？　どうしておいらはこんなについていないのさ？」

「あんたのナシーブは眠っているよ。あんたが自分で探しに行って、あいつを起さなければ、ずうっと眠り続けているだろうなぁ」

「教えてくれ。おいらのナシーブはどこにいるんだ？」

「七つの海の向こうにいるよ。まあ、がんばれよ」

自分の運は自分でつかまえなければなりません。

そこで、若者は自分のナシーブを探すために旅に出ました。

どんどん歩いていくと、美しい町に着きました。

その町には、天にも届くような高い塔がいくつも立ち並んでいました。

けれども人々は幸せそうではありませんでした。

ひそひそとなにやらささやき合っています。

宮殿から王様がおでましになりました。

王様は若者に声をかけました。

「これ、旅の者。どこへ行く？」

若者は答えました。

「七つの海越えナシーブ探しにおいらの運を起しに行くのさ」

すると王様は言いました。

「それならば頼みたいことがある。お前のナシーブに出会ったら尋ねておくれ。建設中の新しい塔が完成したかと思うとすぐに崩れ落ちてしまうのは何故か？　どうしたら良いのか？　この質問をあずかっておくれ」

「わかりました。お約束します」

若者は旅を続けました。

どんどん歩いていくと、一本のマンゴーの木が立っていました。

若者が木の根元に座ってひと休みしていると、マンゴーの実が落ちてきました。

若者は喜んでその実をかじりました。ところが…

「うう、にがい……」

マンゴーはとても苦かったので、若者はがっかりして吐き出しました。

するとマンゴーの木はため息をついて尋ねました。

「旅のお方、どこへ行くのですか？」

若者は答えました。

「七つの海越えナシーブ探しに
おいらの運を起しに行くのさ」

するとマンゴーは言いました。

「それならば頼みたいことがあります。あなたのナシーブに出会ったら尋ねてください。以前は甘い実がどっさりなったのに、今はこんなに苦くなってしまったのは何故か？　どうしたらよいのか？　この質問をあずかってください」

「わかったよ。約束するよ」


若者は旅を続けました。

どんどん歩いていくと、美しい馬に会いました。

馬は悲しそうに尋ねました。

「旅のお方、どこへ行くのですか?」

若者は答えました。

「七つの海越えナシーブ探しに
おいらの運を起しに行くのさ」

すると馬は言いました。

「それならば頼みたいことがあります。あなたのナシーブに出会ったら尋ねてください。以前は勇敢だった私が、今ではすっかり元気をなくしてしまったのは何故か?　どうしたらよいのか?　この質問をあずかってください」

「わかったよ。約束するよ」


若者はナシーブに尋ねる三つの質問をあずかって、何日も何日も歩き続けました。まだ七つの海のただ一つの海も見ていないというのに、疲れ切ってヘトヘトです。若者は木の下にばったりたおれこんで目を閉じました。

すると、ヒナ鳥たちの騒ぐ声が聞こえてきました。

目を開けてみまわしてみると、大きなヘビが木を這い登っていました。

ヘビは巣の中のヒナをねらっていたのです。

若者は持っていたナイフでヘビを「エイ、ヤ！」と、三つに切り刻みました。

「もう大丈夫だよ」

若者はヒナたちにやさしく声をかけると、また眠り込んでしまいました。

そのヒナたちは鷲の子どもたちでした。

やがて親鳥たちがもどってきて、眠り込んでいる若者を見つけました。

「やや、こいつがおれたちの卵やヒナを盗んでいった犯人だな。大事な子どもを食われた恨み、今こそはらしてやる」

親たちが若者を殺そうとしていることを知ったヒナたちはあわてて言いました。

「父さん、母さん、違うよ！　その人はヘビからぼくたちを守ってくれたんだ。ヘビをやっつけてくれたんだよ！」

親鳥たちは若者がヒナを助けてくれたことを知ると言いました。

「ご恩は忘れません。旅のお方、どこへ行くのですか？」

若者は答えました。

「七つの海越えナシーブ探しに

おいらの運を起しに行くのさ」

すると鷲は言いました。

「あなた様ひとりで七つの海を越えるのは無理でございます。私があなた様をお連れします。さあ、私の背中に乗ってください」

鷲は若者を背中に乗せると飛び立ちました。

そして七つの海を次々と越えて飛んでいき、世界の果ての砂浜に降り立ちました。

するとそこに、長々と大の字に寝そべっている人がいました。

若者のナシーブにちがいありません。

「おい！　目を覚ませ！　起きろよ！　起きろ！」

怠け者のナシーブは目をさまし、あくびをしながら言いました。

「おれっちを起したのは誰だ？」

「おいらだよ。おまえ、おいらのナシーブのくせして、なんだってこんな世界の果てで眠っているんだ？　おかげでおいらはどんなに不幸でみじめだったことか……いいか、はっきり目を覚ませ。もう決して眠らないと誓え！」

ナシーブは答えました。

「ああ、誓うよ。あんたは自分で、おれっちを起こしにきてくれた。だから、おれっち、もう決して眠らない。ここにいてあんたを守る。あんたは一生困ることはないよ」

「それでは教えておくれ。三つの質問をあずかっているんだ」

「なんだい？」


若者は王様とマンゴーと馬にたのまれたことを伝えました。

質問その一
「王国で建設中の新しい塔が、完成したかと思うとすぐに崩れ落ちてしまうのは何故？どうしたらいいのさ？」

ナシーブは答えました。

「王様のお姫様がお年頃なのに、いまだにお相手が見つからない。お姫様のため息が空中にただよい、塔を揺らし、倒してしまうのさ。お姫様に良い婿を見つけてあげれば問題は解決するよ」

質問その二

「以前は甘かったマンゴーの木の実が苦くなってしまったのは何故？　どうしたらいいのさ？」

ナシーブは答えました。

「マンゴーの木の根元に埋まっている宝物を掘り出してやればいいのさ」

質問その三

「以前は勇敢だった馬が、今はすっかり元気をなくしてしまったのは何故？　どうしたらいいのさ？」

ナシーブは答えました。

「その馬の運命の乗り手に出会えていないからさ。その乗り手とは……あんただよ。あんたがその馬に乗るんだ。そうしたらあんたの運も開けるさ」

若者はナシーブに別れを告げると、再び鷲の背に乗りました。

鷲は七つの海を越えて飛んでゆき、あの美しい馬のところまで若者を運びました。

若者が美しい馬の背に乗ると、馬はたちまち元気になりました。

若者は鷲に別れを告げると、あのマンゴーの木まで馬を走らせました。

マンゴーの木の根元を掘ると、宝物のぎっしり詰まった壺が出てきました。

たちまちマンゴーには甘い実がどっさり実りました。


それから若者は宝物を少し売って新しい衣装を買いました。

すると若者はみちがえるほど立派になりました。

若者は美しい馬に乗って宮殿に行き、王様にナシーブの言葉を伝えました。

「新しい塔が崩れ落ちてしまうのは、お年頃になっているのにお相手の見つからないお姫様のお嘆きのゆえにございます。お姫様のため息が空中にただよい、建設中の塔を揺らし、倒してしまうのでございます。お姫様には婿殿が必要でございます」

王様はお姫様をお呼びになり、その手を若者の手に重ねてこう宣言しました。

「この若者を姫の婿とし、世の後継ぎとすることに決めたぞ」


こうして若者とお姫様は結婚し、新しい塔は立派に完成しました。

若者はその国の新しい王様になりました。

若い王様とお妃様はいつまでも幸せに暮らしたということです。

それというのも、七つの海を越えたあの砂浜で、あのナシーブが守ってくれたおかげなのですよ。

おしまい

【ひとこと】

眠っている自分の運を起しにはるばる旅に出る若者の話。「自分の運は自分でつかまえなければなりません」という一行は当時小学三年生の孫と一緒に考えました。「七つの海越えナシーブ探しに　おいらの運を起しに行くのさ」……を聞き手の子どもたちにも元気に唱和してもらってお話を進めています。いつかこの子たちの心に蓄えられて、生きる力となることを願って。

【聞き手参加型の語りにチャレンジ！】

言葉が長いので、私は「**七つの海越えナシーブ探しに**」グループと「**おいらの運を起しに行くのさ**」グループに分けて、お話の前に一回練習してから、唱和してもらっています。

【参考文献】

『三つの質問をあずかる旅—世界の AT460,461 話群研究』外国民話研究会編（日本民話の会）

14. 親はうま酒、子は清水（日本）

昔、和田の直弥ってとこに、父親と息子が二人で暮らしていたと。

ここの父親ときたら、酒がなければ夜も眠れぬというほどの大の酒好きだったんだと。

そこで息子は毎日、背戸の山で薪《たきぎ》あつめては、町に行ってそれを売り、稼いだ金で、父親の好きな酒を、瓢《ふくべ》一本分だけ買うて、それぶらさげて帰ってきたんだと。

「お父っつぁん、ほれ、酒買うてきたぞ。これ飲んで今夜もいい夢みてくれや」ってな。


ある日のこと、その日はどうしたことだか、薪がちっとも集まらなかったんだと。

「困ったなあ、これじゃあ、お父っつぁんに酒が買えねえや」

息子はとぼとぼと山からおりてきた。

自分の家の門口まで来た時のことだ。

何やら、さらさら～さらさら～といい音が聞こえてくるでねえか。

「あれ？」

息子が音のする方へ目をやると、薮の中の窪んだとこに清らかな水が湧き出ていた。

「今まで、こんな湧き水見たことなかったけどな？　そうだ、今夜んとこはお父っつぁんに、酒のかわりに、この水飲んで堪忍してもらうべ」

息子はそう思うてな、空《から》の瓢に、その水を汲んで、家にもどったと。


「お父っつぁん、今日は薪があつまらなかったんだ。今夜はこれで辛抱してくろな」

息子は、今汲んできたばかりの水を、茶碗についで父親にさしだした。

その水を、一口飲んだ父親はたまげた。

「うめえ！……おら、こんなうめえ酒、生まれて初めて飲んだだ。ああ、まるで天にも昇る心地だぁ。おめえ、どこでこんな極上の酒買うてきただ？」

「酒って……これは門口んとこに湧き出ていた水だけどなぁ……？」

不思議に思った息子は、自分も茶碗についで一口飲んでみた。

「うめえ！　うめえ水だぁ。だけどこれ、やっぱり水だよなぁ？」

その水は素晴らしくうまかったが、それでも息子が飲むと、清らかな水に変わりはなかったと。

一方、父親の方は、その水を飲むほどに、気持ち良く酔っ払って、すやすやと眠ってしまったと。

「こんな不思議なことがあるだろうか？」

息子は次の日も、門口に湧き出た泉の水を汲んできた。

その水はやはり父親が飲むと、極上の酒となり、息子が飲むと、優しく清らかな水だったと。


それからというもの、父親はこの不思議な水を飲み、息子は酒を買わなくてもすむようになった。

そして、暮らし向きも良くなって、しまいには、「子は清水の家」と呼ばれるような村一番の大金持になったんだと。

孝行息子の真心が天に通じて、天の神様が、こんな宝の水を恵んで下さったんだなぁ、と村人たちは後々までも噂したと。

おしまい

【参考資料】
「和田の伝承」佐倉市立和田公民館

15．ひょうたんぼうや（アフリカ）

昔、あるところに子どものいない女の人がいました。

あるとき女の人は町のまじないしを訪ねてこう頼みました。

「毎日さびしくてたまりません。どうか子どもを授けてください」

まじないしは女の人に種をくれました。

「この種をまいて育ててごらん」

女の人は家に帰ると種をまき、毎日水をやりました。

すると、たくさんのひょうたんが育ちました。

女の人はひょうたんをとって、台所の土間におきました。

一番大きいひょうたんはかまどのそばにおかれていたので少し焦げてしまいました。


ある日のことです。

女の人が外に働きに行くと、ひょうたんの中からぼうやたちが出てきました。

「ぼくたち、母さんの仕事を手伝ってあげようよ！」

ひょうたんぼうやたちは働き始めました。

そうじをしたり、洗濯したり、それから晩ごはんのしたくもしました。

こんな歌をうたいながらね。

♬～ひょうたんぼうや、ひょうたんぼうや、
　ひょうたんぼうや！
　ひょうたん！（ひょうたん！）
　ぼうや！（ぼうや！）

「あっ、母さんが帰ってきた！」

ひょうたんぼうやたちはみな、さっと元のひょうたんの中にかくれました。

家に帰ってきた女の人はびっくりしました。
「まあ、家の中がこんなに片付いて……晩ごはんもできあがっているわ。おいしそう！」
女の人は大喜びで晩ごはんを食べました。

次の日も同じことが起こりました。
女の人が行ってしまうと……ひょうたんの中から
ひょうたんぼうやたちがでてきて、働き始めました。

♫～ひょうたんぼうや、ひょうたんぼうや、
ひょうたんぼうや！
ひょうたん！（ひょうたん！）
ぼうや！（ぼうや！）

「あっ、母さんが帰ってきた！」
ひょうたんぼうやたちはまた元のひょうたんの中にかく

れました。

「不思議ねえ。我が家に何が起きているのかしら？」

三日目、女の人は出かけるふりをして、そっと隠れて見ていました。

すると……

ひょうたんの中からひょうたんぼうやたちが出てきて働き始めたのです。

♬～ひょうたんぼうや、ひょうたんぼうや、ひょうたんぼうや！

女の人はいきなり家の中に入ってきて、ぼうやたちを抱きしめました。

「もう隠れなくっていいんだよ。ああ嬉しい！　わたしにも子どもができた！」

その日から女の人とひょうたんぼうやたちは楽しく暮らしました。

女の人はもうさびしくなくなりました。

ところがひとりだけのろまな子がいました。

かまどのそばにおかれていたために少し焦げてしまった一番大きいひょうたんぼうやです。

この子はなにをするのも遅くて、失敗ばかりしていました。

「あっ！……お水、こぼしちゃった……」

「あっ！……お皿、わっちゃった……」

女の人はとうとうがまんできなくなって、かんしゃくを起こしてしまいました。

「おまえみたいな子はいらないよ。元のひょうたんにもどっちまいな！」

女の人がそう怒鳴ったとたん……その子は元のひょうたんにもどってしまいました。

女の人はすぐに後悔して、その一番大きなこげたひょうたんを抱きしめて言いました。

「ああ、本気じゃなかったんだ。ごめんよ。お願いだよ、もどっておくれ。おまえはわたしのだいじなぼうやだ。もどっておくれ……ああ、どうしたらいいだろう。神様、お願いです。この子をもとのぼうやにもどしてください」

女の人は泣いていました。

ほかのひょうたんぼうやたちはシーンとして、このようすをみていました。

すると、だれかが静かに、祈るような声で、あの歌を歌い始めました。

♬～ひょうたんぼうや、ひょうたんぼうや、ひょうたんぼうや……

ほかのみんなもその声に続きました。

♬～ひょうたんぼうや、ひょうたんぼうや、ひょうたんぼうや！

声はだんだん大きくなりました。

♬～ひょうたんぼうや、ひょうたんぼうや……

すると、あのひょうたんぼうやがひょうたんの中から、ゆっくり、でてきました。
女の人はぼうやをしっかり抱きしめました。
それからは女の人もひょうたんぼうやたちもみな幸せにくらしたということです。
おしまい

【ひとこと】

ニコラ・グロウブが来日したとき、佐倉公演で語ってくれたお話"Calabash children"を再話しました。ニコラさんはイギリスで知的障害者へのストーリーテリンググループ「オープンストーリーテラーズ」を設立し、指導に携わっているストーリーテラーです。ニコラさんは、我が家から箒やらお玉やら（ひょうたん坊やたちが仕事をする時の道具）を持ち出し、車座になって座っていた聞き手たちにそれぞれ持たせて、全員をひょうたん坊やに仕立て、全員参加で歌わせたり、踊らせたりしてお話を進めました。

16. サルどんとウサギどん（アフリカ）

♪～森の中、サルどんとウサギどんが座ってた
♪～サルどん、からだをポリポリポリ。
おなかをポリポリ、おしりもポリポリ、
ポリポリポリポリポリポリポリ…
♪～ウサギどん、耳をピクピクピク。
鼻もピクピク、しっぽピクピク、
ピクピクピクピクピクピクピク…

サルどんが言いました。
「ウサギどん、年がら年中、ピクピクして、いらいらするなぁ。いやな癖だ。やめてくれよ」

ウサギどんもまけていません。

「きみこそ気持ち悪いよ。からだをポリポリかきまくってさ。そっちこそいやな癖だ！やめてくれよ」

「なぁに、その気になりゃぁ、おいらいつでもやめられるさ」

「ぼくだって、その気になればやめられるさ！」

「よぉし、それなら勝負しようじゃないか。イチ、ニ、ノ、サンで始めるぞ。三つかぞえたらポリポリもピクピクもなしだ。じぃっとしているんだぞ」

「あぁいいよ、負けるものか！」

ふたりは同時にさけびました。

「イチ、ニ、ノ、サン！」

サルどん、じぃっと動きません。

ウサギどんも、じぃっと動きません。

そのうちサルどんの鼻の頭がムズムズしてきました。

それでもサルどん、じぃっとがまんしています。

「ああ、ポリポリかきたい、かきたいかきたい……」

ウサギどんの左の耳もムズムズしてきました。

それでもウサギどん、じぃっとがまんしています。

「ああ、ピクピクしたい、ピクピクしたい……」

とつぜん、サルどんの頭にいい考えがひらめきました。

「ウサギどん、このままじぃっとしているのも退屈だから、おいらがお話を語ってあげるよ」

「へぇ？　どんなお話？　聞かせてよ」

そこでサルどんはお話を語りはじめました。

「きのう、おいらは道を歩いていました。すると、男の子と出会いました。男の子はおいらに石をぶつけました。おいら、いたくて、いたくてたまりませんでした。ねえ、どこにぶつかったと思う?」

ウサギどんはたずねました。

「どこ?」

サルどんは答えました。

「ここだよ、ここ!」

サルどんは鼻の頭をポリポリかきました。

「それからここも、ここも、ここも!」

おなかをポリポリ、おしりもポリポリかきました。

ポリポリポリポリポリポリポリ…

「それじゃ、こんどはぼくがお話、語るよ!」

ウサギどんもお話を語りはじめました。

「きのう、ぼくは沼で蚊にくわれました。ねえ、どこをくわれたと思う? ここだよ、ここ!」

ウサギどん、左の耳をピクピクピクとさせました。

「それからここも、ここも、ここも！」

鼻もピクピク、しっぽもピクピク動かしました。

ピクピクピクピクピクピクピク…


サルどんとウサギどんは、笑って、笑って、大笑いしました。

「なあ、おたがいの癖は気にしないことにしようぜ」

「うん！　そうしよう。ぼくもきみの癖、気にしないよ」

サルどんとウサギどんは二人一緒に言いました。

「友だちサ！」

おしまい

【参考文献】

Margaret Read MacDonald, *Twenty Tellable Tales*, Wilson

17．カエル君とヘビ君（アフリカ）

昔、あるところに山がありました。
その山のふもとに、カエル君が住んでいました。
ある朝、カエル君が言いました。
「かあちゃん、山にあそびに行きてえなぁ」
すると、カエル君のかあちゃんは言いました。
「ああいいよ、行っといで。だけど、知らないモンと口をきいたりしちゃいけないよ。
それから、暗くなる前に帰ってくるんだよ」
そこでカエル君は山にのぼっていきました。
ピョン！ピョン！ピョンピョンピョンピョン！
さて、山の反対側のふもとにはヘビ君が住んでいました。

おなじころ、ヘビ君も目をさまして言いました。

「ママ、山にあそびに行きたいなぁ」

「ええ、いいわよ、行ってらっしゃい。だけど、知らない人と、おしゃべりしてはいけませんよ。

それから、暗くなる前に帰ってくるんですよ」

そこでヘビ君も山にのぼっていきました。

ニョ〜ロ、ニョ〜ロ、ニョ〜ロリ…

山のこちら側からはカエル君。

ピョン！ピョン！ピョンピョンピョン！

山のあちら側からはヘビ君。

ニョ〜ロ、ニョ〜ロ、ニョ〜ロリ。

そしてふたりは山のてっぺんで出会いました。

「あれ？　きみ、だあれ？　なにしているの？」

「おいらカエルだよ。ピョンピョンとびはねてるんだよ。

おまえこそ、だれだぁ？　なにやってんだよ？」

「ぼく、ヘビ君。ニョロニョロはいまわっているんだよ」

「へぇ！　おもしろそう！　ねえ、おいらにそれ、おしえてくれよ」

「うん、いいよ！　かんたんだよ」

ヘビ君はカエル君に地面のはいまわりかたをおしえてあげました。

「まず、おなかを地面にくっつけて、全身のキンニクをつかって、前にすすむの。

こうやって、ホラ！　ニョ〜ロリ」

そこでカエル君もやってみました。

「……おなかを地面にくっつけて……アハハ、なんだかくすぐったいよ。

……それから、全身のキンニクをつかって……ニョ〜ロン！

……へへへ、おいらへたくそだなぁ。だけどこれ、おもしろい！

ねえ、いっしょにひとまわりしようぜ！」

カエル君とヘビ君は山の中をはいまわりました。

前を行くのはヘビ君。

ニョ～ロ、ニョ～ロ、ニョ～ロリ。

うしろから、カエル君がついていきます。

ニョ～ロン！　ニョ～ロン！　ニョ～ロン！


「ああ、おもしろかった！」

「うん！　おもしろかったねえ」


ヘビ君が言いました。

「ねえ、こんどはきみがおしえてよ。どうやってとびはねるの？」

「かんたんさぁ」

カエル君はヘビ君にとびはね方を教えました。

「全身のバネをきかせて、空中におもいっきりはねあがるんだよ。

こうやって、ホラ！　ピョ～ン！」

ヘビ君もやってみました。

「……全身のバネをきかせて……はねあがる……ピョンロ～リ

ハハハ、ぼくへたくそだね。だけど、おもしろい！

また、ひとまわりしようよ」

カエル君とヘビ君は山の中をはねまわりました。

前を行くのはカエル君。

ピョン！　ピョン！　ピョンピョンピョンピョン！

うしろから、ヘビ君がついていきます。

ピョンロ～リ。ピョンロ～リ。ピョンロ～リ。

やがて、日が暮れてきました。

「おいら、もう帰らなくちゃ……」

「ぼくも…」

「なあ、あしたもまたあそべるか？」

「うん！　また、あそぼうね」

それから、ヘビ君が言いました。

「あ、あのう……ぼくたち、ともだち……だよね？」

「もちろんだよ！　ともだちさ！　じゃぁな、またあした！」


カエル君は山をおりていきました。

ニョ～ロン！　ニョ～ロン！　ニョ～ロン！


山のふもとでは、かあちゃんがカエル君を待っていました。

かあちゃんはカエル君を見て、ふしぎそうにたずねました。

「おまえ、いったい、なにをやっているんだい？」

カエル君はとくいになって答えました。

「おいら、地面をはってきたんだよ！」

「だれにおそわったんだい？」

「ともだちさ！　ヘビ君ていうんだ」

「ヘビ！！　だめ！　だめだよ！　ヘビなんかとあそんだりしちゃ！

ヘビはね、わたしらの敵なんだよ！」

「そんな……しらなかったよ……」


そのころ、ヘビ君も山の反対側をおりていきました。

ピョンロ～リ。ピョンロ～リ。ピョンロ～リ。

ヘビ君のママがこれを見てたずねました。

「いったい、なにをやっているの？」

「ぼく、とびはねてるの！」

「だれにおしえてもらったの？」

「新しいおともだちだよ。カエル君ていうの」

「カエル！……いけないわ。あなたはカエルとはあそべないのよ。

カエルはね、わたしたちの仲間ではないの」

「そんな……しらなかったよ……」

つぎの朝、カエル君は山にのぼっていきました。

ピョンピョンピョンピョン……

ヘビ君も山にのぼっていきました。

ニョ～ロ、ニョ～ロ、ニョ～ロリ……

そして、ふたりはまた、山のてっぺんで出会いました。

「ぼく……もうきみとはあそべないの。カエルは仲間じゃないんだって」

「おいらも……あそべないんだ。ヘビは敵なんだって」

「さよなら……」

「さよなら……」

ふたりは別々の方向に山をおりはじめました。

そのときです。

カエル君がふりかえってさけびました。

「ねえ、おいら……これ……できるよ!」

ニョ~ロン! ニョ~ロン! ニョ~ロン!


ヘビ君もさけびました。

「ぼくもだよ! ぼくも!」

ピョンロ~リ、ピョンロ~リ、ピョンロ~リ。


「ぼく……わすれないよ!」

「おいらもだよ……さよなら!」


ふたりはそれっきり、二度と出会うことはありませんでした。

でも、カエル君はヘビ君のことを、ヘビ君はカエル君のことを、いつまでもいつまでも、おぼえていましたって。

おしまい

(西アフリカ・イーコイ族)

【ひとこと】

会場をカエル君グループとヘビ君グループに分けて一緒に声を出して動作もしてもらいましょう。はじめは語り手も聞き手も楽しく遊んで、最後はちょっと泣きそうになって、あたたかな気持ちになるお話です。

【参考文献】

Margaret Read MacDonald, *Shake-it-up Tales*, August House

18．友だちをみつけた犬（中国）

昔、犬は森のなかに住んでいたのですよ。
犬はいつも「友だちがほしいなあ」と思っていました。

ある日のこと、犬はウサギに会いました。
「ウサギさん、友だちになろうよ」（ワンワンワン！）
「ええ、いいわよ」
そこで犬とウサギは一緒に暮らしはじめました。
夜になると、ウサギはぐっすり眠りました。（グーグーグー）
でも、犬は夜中に何か怪しいことがおきると元気に吠えました。（ワンワンワン！）
ウサギは言いました。
「そんなに吠えないで。オオカミにみつかったらたいへんよ。わたしたち食べられちゃうわ。悪いけど、出てってくれない？」


犬はおもいました。

「ウサギさんはオオカミがこわいのかぁ……

だったらいいよ。ぼくはオオカミさんと友だちになろう」


犬がどんどん歩いていくとオオカミに会いました。

「オオカミさん、友だちになろうよ」（ワンワンワン！）

「ああ、いいよ」

そこで犬とオオカミは一緒に暮らしはじめました。

夜になると、オオカミはぐっすり眠りました。（グーグーグー）

でも、犬は夜中に何か怪しいことがおきると元気に吠えました。（ワンワンワン！）

オオカミは言いました。

「そんなに吠えないでくれ。クマにみつかったらたいへんだ。おれたち食われちまうぜ。

悪いけど、出てってくれ」

犬はおもいました。

オオカミさんはクマがこわいのかぁ……

だったらいいよ。ぼくはクマさんと友だちになろう」


犬がどんどん歩いていくとクマに会いました。

「クマさん、友だちになろうよ」（ワンワンワン！）

「ああ、いいとも」

そこで犬とクマは一緒に暮らしはじめました。

夜になると、クマはぐっすり眠りました。（グーグーグー）

でも、犬は夜中に何かあると元気に吠えました。（ワンワンワン！）

クマは言いました。

「そんなに吠えないでくれ。人間にみつかったらたいへんだ。おいらたち、つかまっちまうよ。悪いけど、出てってくれないかな」

犬はおもいました。

「ウサギはオオカミがこわくって、オオカミはクマがこわくって、クマは人間がこわいんだな。

みんないくじなしだ。だったらいいよ、ぼくは人間と友だちになろう」

犬は人間を探すために森を出ました。
すると向こうからじいさまがやってきました。
「おじいさん、友だちになろうよ！」（ワンワンワン！）
「おや、元気な犬だなぁ。わしについておいで」
そこで犬はじいさまと一緒に暮らしはじめました。
夜になると、じいさまはぐっすり眠りました。（グーグーグー）
犬は夜中に何か怪しいことがおきると元気に吠えました。（ワンワンワン！）
じいさまは言いました。
「おまえはたのもしいなぁ。いつも家をしっかり守ってくれる。

おかげでわしは火事の心配も、どろぼうの心配もしないで、安心して眠れるよ。ありがとうよ。これからもずっといっしょに暮しておくれ」

これを聞いて、犬がどんなに嬉しかったか、みなさんにもおわかりですよね。

「やっと友だちがみつかった！」（ワンワンワン！）

犬と人間が友だちになったのは、そのときからなのですよ。

おしまい

【聞き手参加型の語りにチャレンジ！】

（ワンワンワン！）と（グーグーグー）を聞き手にも一緒に言ってもらいましょう。

（ワンワンワン！）は、犬が吠えるしぐさをしながら。

（グーグーグー）は、眠るしぐさをしながら。

【参考文献】

『わたしが語る中国の昔話資料』（中国民間文学集成 遼寧巻 撫順市 巻上）寺内重夫編

19. 空を持ちあげよう！（アメリカ）

昔、神さまがこの世界を旅していたころのことです。
神さまは大きなかごをかかえて歩いていました。
そのかごのなかには、たくさんのコトバがはいっていました。
神さまはコトバをそれぞれの部族に配ってまわっていたのです。
クリンギット族にはクリンギットのコトバを、（ハイ、どうぞ……聞き手に配る仕草）
ナバホ族にはナバホのコトバを、（ハイ、どうぞ……聞き手に配る仕草）
アパッチ族にはアパッチのコトバを、（ハイ、どうぞ……聞き手に配る仕草）
神さまは、歩いて、歩いて、歩いて、シアトル近くの海岸にたどり着きました。
「なんと美しい所だ！ わたしはコトバをくばって歩くのはもう疲れた……ここにとどま

ることにしよう」

神さまはそう言うと、かかえていたかごをひっくり返してしまいました。

さあたいへんです。

かごの中には、まだたくさんのコトバがのこっていたというのに、とつぜん、あたり一帯にばらまかれてしまったのです。

おたがいになにを言っているのか、さっぱりわからなくなってしまいました。

コトバが通じ合わなくなっただけではありません。

このころ、神さまはもうひとつ、困ったことをなさっていました。

それは「空」です。

神さまがこの世界をお創りになったとき、「空」をとても低いところに置いてしまったのです。

ちょっと背の高い人なら、頭をぶつけてしまうくらいのところに「空」がありました。

どうにかしたい、とおもっても、おたがいにコトバが通じないものですからどうすることもできません。

そこでみんなで頭をよせあって考えました。

「どうしたら空を持ちあげることができるか……？」

一人の若者が良いことをおもいつきました。

「たったひとつだけ、同じコトバをおぼえること」

ひとつだけなら、おぼえることもできます。

人々はたったひとつ、同じコトバをおぼえました。

それは、このコトバです。

ヤッホー

それから人々は、それぞれ一本ずつ、高い木を切って、長い棒を用意しました。

（「さあみんな、一人一本ずつ木を切って手に持ってください」と聞き手に促す）

そしてあのコトバを合図に、その棒を空におしあてて、いっせいにつきあげたのです。

ヤッホー　（一緒に空をつきあげる仕草）

……空はすこし持ちあがりました。

ヤッホー　（一緒に空をつきあげる仕草）

……空はまた少し持ちあがりました。

ヤッホー　（一緒に空をつきあげる仕草）

……空はかなり高くまで持ちあがりました。

さあ、あともうひといきです。

人々は心をひとつにして、棒を天にむかってつきあげました。

ヤアーッ　ホー　（一緒に空をつきあげる仕草）

すると……空は天の高いところにスルスルスルスルとあがっていきました。

たいせつなことは心をあわせることです。

バイ・ヒルバート

空がいま、あんなに高いところにあるのは、そういうわけなのですよ。

おしまい

（太平洋北西海岸に住む先住民スカジット族の長老、バイ・ヒルバートが語ったお話）

【参考文献】

Margaret Read MacDonald, *PEACE TALES*, Linnet Books

Ⅳ・元気がでる話

20．トゥールーズへ行こう！（フランス）

昔、あるところに風邪をひいためんどりばあちゃんがいました。

あるとき、めんどりばあちゃんは牛たちの噂話を聞きました。

「うちの旦那さん、トゥールーズへ行って風邪をなおしてきたんだとさ」


これを聞いためんどりばあちゃんは、さっそくトゥールーズへでかけることにしました。


「コッコッコッコッ　コケコケ　コッホン！

トゥールーズへ行こう！　トゥールーズへ行こう！

トゥ―ルーズへ行けば風邪なおる～♪」


……と歌いながら歩いていくと、向こうから風邪をひいたガチョウばあちゃんがやってきました。

「ガーガーガー　ガーアックション！

おや？　めんどりばあちゃん、どこへ行くの？

ガアーックション！」

「トゥールーズへ行くのよ。風邪をなおしにね。

コッホン！」

「それじゃあ、わたしも連れて行っておくれ。

ガアーックション！」

「まあ、あなたの風邪もひどそうね。いっしょに行きましょ。コッホン！」

そこでめんどりばあちゃんとガチョウばあちゃんは連れ立って歩いていきました。

「コッコッコッコッ　コケコケ　コッホン！

ガーガーガーガー　ガーァックション！
トゥールーズへ行こう　トゥールーズへ行こう
トゥールーズへ行けば風邪なおる～♪」

すると向こうから風邪をひいた犬じいさんがやってきました。

「ワンワンワンワン　ワホッ　ワホッ　ワホッ！

おや？　めんどりばあちゃんとがちょうばあちゃん、
連れ立ってどこへ行くんだい？　ワホッ　ワホッ　ワホッ！」

「トゥールーズへ行くのよ。風邪をなおしにね。コッホン！」

「それじゃあ、わしも連れて行っておくれよ。ワホッ　ワホッ　ワホッ！」

「まあ、あなたの風邪もひどそうね。いっしょに行きましょ。コッホン！」

そこでめんどりばあちゃんとガチョウばあちゃんと犬じいさんは連れ立って歩いていきました。


「コッコッコッコッ　コケコケ　コッホン！

ガーガーガーガー　ガーァックション！
ワンワンワンワン　ワホッ　ワホッ　ワホッ！
トゥールーズへ行こう　トゥールーズへ行こう
トゥールーズへ行けば風邪なおる～♪」

すると今度は風邪をひいた羊じいさんに会いました。

「ヴェエ～ヴェエ～ヴェエックション！

めんどりばあちゃんとガチョウばあちゃんに犬じいさん、おそろいでどこへ行くんだい？　ヴェエックション！」

「トゥールーズへ行くのよ。風邪をなおしにね。コッホン！」

「それじゃあ、わしも連れて行っておくれよ。ヴェエックション！」

「まあ、あなたの風邪もひどそうね。いっしょに行きましょ。コッホン！」

そこでめんどりばあちゃんとガチョウばあちゃんと犬じいさんと羊じいさんは連れ立って歩いていきました。

「コッコッコッコッ　コケコケ　コッホン！
ガーガーガーガー　ガーァックション！
ワンワンワンワン　ワホッ　ワホッ　ワホッ！
ヴェェ～ヴェェ～　ヴェェックション！
トゥールーズへ行こう　トゥールーズへ行こう
トゥールーズへ行けば風邪なおる～♪」

やがて日が暮れてきました。

「どこか泊まるところをさがさなくちゃ…コッホン」

「泊まれる小屋はないかねぇ？　ガーァックション！」

「丘の上に明かりが見えるぞ。ワホッ　ワホッ　ワホッ！」

「よし、行ってみよう。ヴェェックション！」

みんなは丘にのぼりました。

そこには一軒の小屋がありましたが、鍵がかかっていて中に入れません。

羊じいさんが言いました。

「みんなで体当たりして扉をたおそう。わしの角で扉を割るから、みんな、わしの後に続いてくれ。」

みんなは羊を先頭に一列に並んで扉を倒しました。咳もくしゃみも一度に出ました。

コッホン！　コッホン！　コッホン！

ガーアックション！　ガーアックション！　ガーアックション！

ワホッ　ワホッ　ワホッ！

ヴェエックション！　ヴェエックション！　ヴェエックション！

ところがその小屋の中には狼たちがいたのです。

狼たちはいきなり倒れてきた扉にびっくりして逃げだしました。

めんどりばあちゃんは言いました。

「やれやれ、あいつら、もしかしたら戻ってくるかもしれないね。わたしは暖炉の上に止まっていることにするよ。コッホン！」

がちょうばあちゃんは言いました。

「わたしはテーブルの下にいるよ。ガーァックション！」

犬じいさんは言いました。

「わしは入り口のそばにいるよ。ワホッ　ワホッ　ワホッ！」

羊じいさんは言いました。

「わしはかいば桶の下にいることにするよ。ヴェエックション！」


一時間過ぎました。

一匹の狼が小屋の様子を見にもどってきました。

「あの化け物がまだ小屋の中にいるかどうかたしかめてこい」

と、狼の親分に命令されたのです。

狼が暖炉に近づくと、めんどりばあちゃんは暖炉の上から狼の頭に、ペチャっと糞を落としました。（コッホン！）

狼は薄気味悪くなってテーブルの所まであとずさりしました。

するとガチョウばあちゃんが羽で狼の鼻面をなでました。（ガーァックション！）

「ヒイイイ～」

狼が震えながらかいば桶に近づくと、羊じいさんが角で狼を壁に釘づけにしました。

（ヴェェックション！）

なんとか逃れて入口に向かった狼の脇腹を、犬じいさんが噛みちぎりました。（ワホッ　ワホッ　ワホッ！）

「た、た、たすけてくれぇ～」

狼は血だらけになって仲間のいるところに戻り、こう報告しました。

「親分、あの小屋にはやっかいなやつらがいますぜ。

あっしのこのざまを見てくだせえ。

暖炉のそばには石工がいて、モルタルをぶっかけられたし、

テーブルの下には洗濯女がいて、あっしは、洗濯板で顔をいやってほどたたかれやした。

それだけじゃない。

かいば桶の下にはきこりがいて、斧で腹を打たれたし、

入口には錠前師がいて、でっかいやっとこで脇腹をはさまれやした！」

この報告を聞いてから、狼たちは丘の上の小屋には近づかないことにしました。めんどりばあちゃんと、ガチョウばあちゃんと、犬じいさんと、羊じいさんは、トゥールーズへは行かないで、丘の上の小屋でずっと楽しく暮らしました。もちろん、風邪もなおりましたって。

おしまい

【聞き手参加型の語りにチャレンジ！】

登場者が増えるたびに、鳴き声も増えてゆきます。一緒に鳴き声と咳・くしゃみを唱和しましょう。めんどり&ガチョウ&犬&羊&狼の5人語りで語っても楽しいですよ♪

【参考文献】

『猿蟹合戦とブレーメンの音楽隊―弱小連合、強きをくだく―』外国民話研究会編（日本民話の会）

21. めんどり奥さんとゴキブリ旦那（アメリカ）

昔、めんどりとゴキブリが結婚しました。

結婚相手としてはあまり良い組み合わせとはいえませんよね。

でも、めんどりはゴキブリに恋していたのです。

結婚式の夜、それはそれは楽しいパーティーでしたよ。

花婿のゴキブリは一晩中、太鼓をたたいていました。


♪ビンバンボン！　ビンバンボン！　ビンバン、ビンバン、ビンバンボン、ホ！


次の朝、六時。

めんどり奥さんはベッドからとび起きると、ゴキブリの旦那さんを起こしました。

「あなた起きて！　畑に行く時間よ」

するとゴキブリ旦那は言いました。

「頭が痛いんだ。とても仕事なんてできないよ。きみだけ行ってくれ～」

「まあ、かわいそうに。それじゃあ、今日はゆっくり休んでね。帰ったらおいしいスープを作ってあげるからね」

めんどり奥さんは小さな鋤《すき》と小さな鍬《くわ》をかついで、畑に出かけていきました。


♪～ルルルルルン、仕事だよ～　ルルルルルン、仕事だよ～♪


奥さんが行ってしまうと、ゴキブリ旦那はベッドからとび起きて、仲間に電話をかけはじめました。

「へーい！　ごきぶりの野郎ども、女房は行っちまったぜ。みんな集まれ～！」

まもなく……

道の右側から、左側から、真ん中から、たくさんのゴキブリがぞろぞろ集まってきました。

あるものは食べものを持って、あるものは飲みものを持って、あるものは楽器を持って

……

そして、パーティーがはじまりました！

♪ビンバンボン！　ビンバンボン！　ビンバン、ビンバン、ビンバンボン！　ホ！

午後四時。

ゴキブリ旦那は言いました。

「女房が帰ってくるぜ。早く家中かたづけて、みんな、消えてくれ！」

ゴキブリたちは床をチョロチョロはいまわってかたづけはじめました。

ポテトチップスのあき袋をゴミ箱に、ポイ！

コーラのあきビンもゴミ箱にポイ！

そして……

ある者は道の右側に、ある者は左側に、ある者は真ん中に、……消えていきました。

まもなく、めんどり奥さんが畑から帰ってきました。

♪～つかれたよぉ、つかれたよぉ、つかれた、つかれた、つかれたよぉ、ハァ～

ゴキブリ旦那はベッドの中でウンウンうなっています。

「まあ、かわいそうに。まだなおらないのね。スープをあげるからね」

めんどり奥さんはおいしいスープを作って、ゴキブリ旦那に食べさせてあげました。

「はい、アーンして。アーン。あしたの朝になったら、きっとなおっているわよ」

次の朝、六時。

めんどり奥さんはベッドからとび起きて、ゴキブリ旦那を起こしました。

「あなた起きて！　畑に行く時間よ」

「今朝は首が痛いんだ。とても仕事なんてできないよ。きみだけ行ってくれ～」

「まあ、かわいそうに。帰ったらおいしいスープを作ってあげるからね」

めんどり奥さんは小さな鋤《すき》と小さな鍬《くわ》をかつぐと、畑に出かけていきました。


♪〜ルルルルルン、仕事だよ〜　ルルルルルン、仕事だよ〜♪


奥さんが行ってしまうと、ゴキブリ旦那は電話をかけました。

「へーい！　ごきぶりの野郎ども、女房は行っちまったぜ。みんな集まれ〜！」


まもなく……

道の右側から、左側から、真ん中から、たくさんのゴキブリがぞろぞろ集まってきました。

あるものは食べものを持って、あるものは飲みものを持って、あるものは楽器を持って
……

そして、パーティーがはじまりました。


♪ビンバンボン！　ビンバンボン！　ビンバン、ビンバン、ビンバンボン！　ホ！

午後四時。

ゴキブリ旦那は言いました。

「女房が帰ってくるぜ。早く家中かたづけて、みんな、消えてくれ！」

ゴキブリたちは床をチョロチョロはいまわってかたづけはじめました。

ポテトチップスのあき袋をゴミ箱に、ポイ！

コーラのあきビンもゴミ箱にポイ！

そして……

あるものは道の右側に、あるものは左側に、あるものは真ん中に、……消えていきました。

まもなく、めんどり奥さんが畑から帰ってきました。


♪～つかれたよぉ、つかれたよぉ、つかれた、つかれた、つかれたよぉ、ハァ～

ゴキブリ旦那はベッドの中でウンウンうなっています。

「まあ、まだなおらないの？　スープをあげるわね。ハイ、どうぞ」

その晩も、めんどり奥さんはスープをゴキブリ旦那に食べさせてあげました。

「あしたの朝、きっとよくなるわよ」


次の朝、六時。

めんどり奥さんはベッドからとび起きると、今日こそはと、ゴキブリ旦那を起こしました。

「あなた起きて！　畑に行く時間よ。仕事よ。仕事仕事！」

ゴキブリ旦那は言いました。

「あいたたた……い、痛い。腰が痛い。どこもかしこも痛い……

だめ、だめ、とても仕事になんか行かれないよ。」

「わかったわ、帰ったらスープを作ってあげるわね」

めんどり奥さんは小さな鋤《すき》と小さな鍬《くわ》をかつぐと、畑に出かけようとしました。

♪〜ルルルルルン〜「あら？」

めんどり奥さんはゴミ箱に目をとめました。

「ポテトチップスのあき袋がこんなにたくさん……？？？！

まあ、コーラのあきビンも……？？？！

おかしいわねぇ？

あたし、捨てたおぼえがないのに……？

……ということは、だれかがあたしの家で、あたしのいないときに、パーティーをしてるってことだわ。

よぉし、かくれて見ていよう」

めんどり奥さんはものかげに隠れました。

まもなく……

奥さんは見ました！

道の右側から、左側から、真ん中から、たくさんのゴキブリがゾロゾロやってくるのを！

あるものは食べものを持って、あるものは飲みものを持って、あるものは楽器を持って……

そして、あろうことかめんどり奥さんの家の中に入っていったのです。

そしてパーティーが始まりました！

♪ビンバンボン！　ビンバンボン！　ビンバン、ビンバン、ビンバンボン！　ホ！

めんどり奥さんは隠れていた場所から出てくると、ドアをけっとばして家の中に入ってきました。

そしてゴキブリたちをついばみ始めました。

「コッ～！コココココココココ！」

ゴキブリたちはあわてて逃げちりました。

あるものは道の右側に、あるものは左側に、あるものは真ん中に、
……そしてだれもいなくなりました。

めんどり奥さんはゴキブリ旦那に向きなおると、こう言いました。
「つまり、こういうことだったのね？
あたしが畑に行って働いているあいだに、あなたがやっていたことって……」

めんどり奥さんはゴキブリ旦那の背中をつっつきはじめました。

「い、痛い。た、たすけてくれえええええ〜〜」

ゴキブリ旦那は逃げだしました。
逃げて、逃げて、逃げて……逃げて、逃げて、逃げて……逃げて、逃げて、逃げて……
逃げて、逃げて、逃げて……
今でも世界中、逃げまわっているということですよ。

おしまい

（ルイジアナ州）

【参考文献】

Margaret Read MacDonald, *CELEBRATE the WORLD*, H.W Wilson

22. こおろぎチビコのムコさがし（アラブ・パレスチナ地方）

昔、あるところに、こおろぎの女の子が住んでいました。

名前はチビコです。

ある日チビコが言いました。

「かあさん、あたし結婚したいの。おムコさんをさがしてくるわ」

すると、こおろぎかあさんは言いました。

「おまえにぴったりのおかたをみつけてくるのよ」

トットコ、 トットコ、 トットコ、 トットコ
こおろぎチビコが かけていく
ムコさんさがしに かけていく

そして出会ったお相手は、素敵なひとみのラクダどんでした。

「ラクダどん、あたしと結婚したい？」

「バァ～　結婚だって？　おいらがあんたと？

あんた、こおろぎだろ？　ちっぽけな、こおろぎじゃないか」

これを聞いてこおろぎチビコは大ふんがいしました。

「こおろぎ、こおろぎって、あんたはなによ！

なにさまだとおもってるの！」

ラクダどんは感動しました。

「ああ、勇ましいチビコさん。おいら、結婚してもいいよ」

「それじゃあ、かあさんに報告してくるわ」

トットコ、トットコ、トットコ、トットコ

「かあさん　かあさん　みつけたわ
素敵なひとみのラクダどん
あのかたの目は　　大きいの
あのかたの耳は　　大きいの
あのかたの鼻は　　大きいの
あのかた、何もかも全部　大きいの！」

こおろぎかあさんは言いました。

「だめだめ、だめよ、ラクダどんはだめ。

きっとおまえをふみつぶしてしまうわよ」

「だったら、ちがうおムコさんをさがしてくるわ」

トットコ、　トットコ、トットコ、　トットコ
こおろぎチビコが　　　かけていく

ムコさんさがしに　　かけていく

次に出会ったお相手は、燃えるひとみのウシゴロウでした。

「ウシゴロウ、あたしと結婚したい？」

「モォ～　結婚だって？　おれがあんたと？

あんた、こおろぎだろ？　ちっぽけな、こおろぎじゃないか」

こおろぎチビコは大ふんがいしました。

「こおろぎ、こおろぎって、あんたはなによ！

なにさまだとおもってるの！」

ウシゴロウは感動しました。

「ああ、勇ましいチビコさん。おれ、あんたと結婚してもいいよ」

「それじゃあ、かあさんに報告してくるわ」

トットコ、　トットコ、　トットコ、　トットコ

「かあさん　かあさん　みつけたわ
燃えるひとみの　　　ウシゴロウ
あのかたの目は　　　大きいの
あのかたの耳は　　　大きいの
あのかたの鼻は　　　大きいの
あのかた　何もかも全部　大きいの！」

こおろぎかあさんは言いました。

「だめだめ、だめよ、ウシゴロウもだめ。

きっとおまえをふみつぶしてしまうわよ」

「だったら、ちがうおムコさんをさがしてくるわ」

トットコ、　トットコ、トットコ、　トットコ
こおろぎチビコが　　かけていく
ムコさんさがしに　　かけていく

そしてチビコはやさしいひとみの「ネズミくん」に会いました。


「ネズミくん、あたしと結婚したい？」

「結婚？　ぼくがきみと？

きみ、こおろぎだろ?ちいさいこおろぎじゃないか」


こおろぎチビコは大ふんがいしました。

「こおろぎ、こおろぎって、あんたはなによ！

なにさまだとおもってるの！」


ネズミくんは感動しました。

「ああ、勇ましいチビコさん。ぼくはあなたと結婚します！」
「それじゃあ、かあさんに報告してくるわ」

トットコ、トットコ、トットコ、トットコ

「かあさん　かあさん　みつけたわ
やさしいひとみの　　ネズミくん
あのかたの目は　　ちいさいの
あのかたの耳は　　ちいさいの
あのかたの鼻は　　ちいさいの
あのかた　何もかも全部　ちいさいの！」

こおろぎかあさんは言いました。
「そのかたよ！そのかたがチビコにはぴったりだわ！」

そこで、こおろぎチビコとネズミくんは、めでたく結婚しました。
そしていつまでも幸せにくらしましたとさ。
おしまい

【参考資料】

Margaret Read MacDonald , *Look Back And See* , H.W.Wilson

23．ババブベボバケ（日本）

昔、ある寺に、踊りの好きな小僧さんがいました。

小僧さんは和尚さまから用事をいいつけられてもすぐに忘れて、踊りばかり踊っていました。

それでとうとう、寺を追い出されてしまいました。

小僧さんはそれでもちっとも気にしないで、「まあ、なんとかなるさ」と、踊りを踊りながら歩いて行きました。

ある村までたどりついた時、日が暮れてきました。
そこで村人に
「どこか泊まれるところはありませんか？」
と、たずねてみますと、

「村はずれに、人の住んでいない荒れ寺がある。

なんでも夜中になると、お化けが出てきて踊りを踊るそうだ。

そこでもよければ行ってみなされ」

と、教えてくれました。

踊りの好きな小僧さん、

「わあ、おもしろそう!」と、さっそくその寺に行ってみました。


なるほど、言われた通りの荒れ寺で、天井はクモの巣だらけ、まわりは埃だらけでした。

けれども小僧さんは、ちっとも気にしないで、

「外に寝るよりゃあマシだぁ」

と、埃をはらって、ごろんと横になって眠ってしまいました。


すると、真夜中過ぎ、小僧さんは物音で目をさましました。

トントントントントントン、ゴリゴリゴリ、ズリズリズリ、ザザァ、ザザァ、ザザァ

小僧さんは音のする方に行き、中をのぞいてみました。

すると……お化け！

長四角のお化けと、三角お化けと、細長い棒みたいなお化けと、丸いお化けが、楽しそうに踊っていました。


長四角のお化けは、バンバン　バンガラリン！　と踊っていました。

三角お化けは、ビンビン　ビンガラリン！　と踊っていました。

細長いお化けは、ブンブン　ブンガラリン！　と踊っていました。

丸いお化けは、ベンベン　ベンガラリン！　と踊っていました。

バンバン　バンガラリン！
ビンビン　ビンガラリン！
ブンブン　ブンガラリン！
ベンベン　ベンガラリン！

これを見ているうちに、小僧さんも踊りたくて、もう我慢できなくなってしまいました。

そこで、

「ここにも一人、ボンボン　ボンガラリン！」

と、踊りの輪の中に出てゆきました。

お化けたちは小僧さんを仲間にいれてくれました。

そして小僧さんとお化けたちは一晩中踊り明かしました。

バンバン　バンガラリン！
ビンビン　ビンガラリン！
ブンブン　ブンガラリン！
ベンベン　ベンガラリン！
ボンボン　ボンガラリン！
みんなあわせて　バビブベボバケ！

「コケコッコー！」

夜が明けました。

小僧さんが気がついたときには、お化けたちはいなくなっていました。


次の晩も真夜中過ぎになると、お化けたちはやってきました。

トントントントントントン、ゴリゴリゴリ、ズリズリズリ、ザザァ、ザザァ、ザザァ

そして小僧さんとお化けたちはまたにぎやかに踊り明かしました。

バンバン　バンガラリン！
ビンビン　ビンガラリン！
ブンブン　ブンガラリン！
ベンベン　ベンガラリン！
ボンボン　ボンガラリン！

みんなあわせて　バビブベボバケ！

「コケコッコー！」

二日目の夜が明けました。

今度は小僧さん、お化けたちがどこへ行くのか、よくよく気をつけて見ていました。

すると……お化けたちはお寺の台所の方に帰っていきました。

三日目の晩もお化けたちはやってきました。

トントントントントントン、ゴリゴリゴリ、ズリズリズリ、ザザァ、ザザァ、ザザァ…

小僧さんとお化けたちは、またまたにぎやかに踊り明かしました。

バンバン　バンガラリン！

ビンビン　ビンガラリン！

ブンブン　ブンガラリン！

ベンベン　ベンガラリン！
ボンボン　ボンガラリン！
みんなあわせて　バビブベボバケ！

「コケコッコー！」

三日目の夜が明けました。

その朝、お化けたちはどこにも消えないで、小僧さんにこう言いました。

「おいら達お化けと、三晩も続けて踊り明かしてくれたのは、ボンボンボンガラリンの小僧さん、あんただけだぁ～　こうなりゃ、おいら達の正体あかすべぇ～

小僧さん、あんたはえらいお坊様じゃ。

どうか、ねんごろにとむらってくだせえ～」

お化けたちは、自分たちの正体を明かしてくれました。

長四角のバンガラリンお化けの正体は、まな板でした。

三角のビンガラリンお化けは、すりばちでした。

棒みたいなブンガラリンお化けは、すりこぎでした。

丸いベンガラリンお化けは、ザルでした。

みんな、使い古され、壊れて、捨てられ、忘れられて、ほこりだらけになった台所道具たちだったのです。

使っていらなくなったものでも、そのまま放っておくと、お化けになることがあるんですよ。

小僧さんは、その道具たちのほこりをはらい、みがいてやりました。

「ゴシゴシ……」

それからお経をとなえてあげました。

「ナムナムナム〜」

すると……道具たちは静かに消えていきました。

そしてお化けは二度とその寺にあらわれなくなりました。

さて、小僧さんは村人たちにたのまれて、その寺の和尚さんになりました。

そして、好きな時に踊りを踊って、いつまでも幸せにくらしたということです。

おしまい

【聞き手参加型の語りにチャレンジ！】

お化けの踊りの時に、一緒に唱和して、両腕を動かし、四角踊りや三角踊りをしてもらいましょう。どうぞ楽しいお化け空間で遊んでください。

【参考文献】

『むがす、むがす、あっとごぬ　第一集』佐々木徳夫 編（未来社）

24．ピョントコショ（日本）

むかし、あるところに、おっかぁと忘れんぼうの男の子がいたと。

ある日のこと、おっかぁは男の子にお使いをたのんだ。

「山むこうのおばちゃんの家までちょぃと行ってきておくれ」

「はーい」

男の子は喜んで出かけていったと。

♪～つんつく　つんつく　つくしんぼ
たんたん　たけのこ　のこのこ

って、歌いながら歩いていったと。

すると途中で小川が流れていたんだと。

「なんだ、こんなちっちぇえ川、とびこしちゃえ！　ピョ〜ン……とこしょ！」

男の子は元気に跳びこして歩いていったと。


やがて、山ひとつ向こうのおばちゃんの家に着いた。

「おばちゃん、こんちわぁ！　おら、おっかぁの使いできただぁ」

「よく来た。よく来た。ちっちぇのにえれぇな、おめぇは……さ、さ、なんにもねぇけどな、これでも食ってけ」

おばちゃん、喜んで、何やらたくさんごちそうしてくれたと。


「うんめえ！！！」


「おばちゃん、これ、うめえな。おら、はじめて食った。これ、なんだ？」

「なに、これか？　これはな、団子だよ。おめぇのおっかぁだって作れるよ」

「団子かぁ。団子、団子……よし、おぼえたぞ。おらもおっかぁに作ってもらおう！ほんじゃ、さいならぁ」

男の子は帰る道々、忘れてはたいへんだと思って「団子、団子……」と言いながら歩いていったと。

「だんご……だんご……だんご……だんご……だんご……」

小川のとこまで来ると、男の子はまた元気に跳びこした。

「ピョ〜ン……とこしょ！」

すると……

「ピョントコショ、ピョントコショ、ピョントコショ……」

団子はピョントコショに変わってしまったんだと。

「……ピョントコショ、ピョントコショ、ピョントコショ、おっかぁ、ただいまぁ！」

男の子は家に着いた。

「おっかぁ、おっかぁ、おら、おばちゃんのとこで、とってもうめえピョントコショ食ってきた。うまかったなぁ、あのピョントコショは……なぁ、おっかぁもピョントコショ作っておくれよ」

「なに言ってんだよ、おめは……ピョントコショなんて食いもんは聞いたこともねぇよ」

「だって……ピョントコショだよ。おばちゃんがおっかぁも作れるって言ってたもん。ピョントコショ作っておくれよ！」

男の子はおっかぁのからだをゆさぶったと。

「なぁ、なぁ、おっかぁ、ピョントコショったら、ピョントコショ！」

「あ、あぶねぇよ。おやめ、おやめったら！」

ガツン！

おっかぁは、柱に頭をぶつけてしまった。

「おお、いた……　痛い……ほれみろ！　やめろってのにやめねぇから、頭に団子のようなコブができてしまったでねえか」

「おっかぁ！　それだ！　団子だよ、団子。団子、作っておくれ」

「しようがない子だね、おめぇは……ピョントコショなんて言うもんだから……団子なんていつでも作ってやるよ」

そうして、おっかぁは男の子に、団子をたくさん作ってやったんだと。

おしまい

【参考文献】

「どっこいしょ」『柴波の民話　中鉢カヨの語り』　語りによる日本の民話2　小平民話の会編　日本民話の会責任編集（国土社）

「増間話（団子婿）」『富浦町のはなし　千葉県安房郡富浦町〈口承〉資料集』国学院大学説話研究会編

25. 自由の鳥（タイ）

昔、ある所に一人の狩人がいた。

ある日のこと、狩人は獲物を探して森を歩いていた。

すると、森の奥の方から、かすかに、奇妙な歌声が流れてきた。

♪ ナーナ、ナーナ、ナーナ、ナ～ ♪

「はて？　聞いたこともねえ声だが？……」

不思議に思った狩人は歌声の主をつきとめようと、森の奥へと入っていった。

すると、見上げるような高い木のてっぺんに、きらきらと黄金に輝く鳥が一羽止まって、歌を歌っていた。

奇妙な歌声の主はその金の鳥だった。

♪ ナーナ、ナーナ、ナーナ、ナ～ ♪

「フンッ！　綺麗なナリに似合わねえきたねえ声だ……やい、鳥！　やめろ！」

♪ ナーナ、ナーナ、ナーナ、ナ～ ♪

「やめねえと、殺しちまうぞ！」

♪ ナーナ、ナーナ、ナーナ、ナ～ ♪

鳥は歌うのをやめなかった。
狩人は腹を立て、金の鳥に向かって矢を放った。
バシッ！
鳥はパッと飛び立った。

そして、隣の木の枝に止まって、また歌った。

♪　ナーナ、ナーナ、ナーナ、ナ～　♪

「ちきしょう！　もうかんべんできねえ！」

狩人はかんかんに怒って、次の矢を放った。

バシッ！

矢は鳥の心臓に命中した。

金の鳥はバサッと木から落ちた。

「ふん、やめろと言うのに、やめねえからだ。」

狩人は鳥の死骸を拾うと袋に押し込んだ。

すると袋の中から……あの歌が聞こえてきた。

♪　ナーナ、ナーナ、ナーナ、ナ～　♪

「ウ、薄気味悪い鳥だ……」

狩人は家に帰ると、袋から金の鳥を出して、まな板の上でバリバリと羽をむしった。そして包丁を取ろうと後ろを向いたその時……まな板の上から、あの歌が聞こえてきた。

♪　ナーナ、ナーナ、ナーナ、ナ～　♪

「な、なんだこりゃあ！」

狩人は金の鳥をトントントンと、細切れに切り刻み、煮えたぎる鍋のなかにぶちこんだ。

すると……ボコボコボコボコ……

鍋の中からあの歌が聞こえてきた。

♪　**ボコボコボコボコボコボコボコ～**　♪

「もう、たくさんだ！」

狩人は外に出ると、シャベルで深い穴を掘った。

そして、あのいまいましい鍋の中身を全部ぶちまけて、地中深く埋めてしまった。

「よし、これでもうあの歌も聞こえまい」

すると……地の底から、また、あの歌が聞こえてきた。

♪　ナーナ、ナーナ、ナーナ、ナ～　♪

「ひゃあ！　たすけてくれぇ！」

狩人は再びシャベルを取ると、埋めた土を掘り返し、鳥の残骸を全部だして、木の箱に詰めた。

それからロープでその木の箱に重たい石をくくりつけ、川に放り込んだ。

おもしをつけた木の箱はツブツブツブ……と、川底深く沈んでいった。

狩人は岸辺に立ち、しばらくの間、用心深く、耳を澄ませていた。

だが……あの歌はもう聞こえてはこなかった。

狩人はほっと胸をなでおろして家に帰っていった。

さて一方、川の底ではおもしをくくりつけたロープが少しずつ、ゆるんでいった。
やがておもしが木の箱からはずれると、箱は水面にプカリと浮かび上がり、川下の方に流れていった。

それから三日後、川の土手っぷちで子どもたちが遊んでいた。
「あれ！　向こうから何か流れてくるぞ！」
一人の子どもが川上の方を見て叫んだ。
年かさの子どもが浅瀬にジャブジャブと入っていってその小さな木箱を拾いあげた。
知りたがりやの子どもたちのこと、さっそく蓋を開けてみた。
すると……
バサバサッ！
箱の中から、キラキラと黄金に輝く翼を持った鳥が一羽飛び出してきた。
バサッ！　また一羽。
バサバサッ！　また一羽。

小さな木の箱から、金の鳥たちが次々に飛び出してきて、大空はキラキラと輝く黄金の翼で埋め尽くされた。
金の鳥たちは太陽に翼はためかせ、高らかにあの歌を歌った。

♪　ナーナ、ナーナ、ナーナ、ナ〜　♪

やがて鳥たちは一筋の金の帯となって、空の彼方に消えていった。
それから一年後、あの狩人が森のなかを歩いていた。
すると森の奥の方から、かすかに、どこかで聞いたことのある奇妙な歌声が流れてきた。

♪　ナーナ、ナーナ、ナーナ、ナ〜　♪

「確かに……あの歌……だ！」
狩人は急いで森の奥へ走っていった。

見覚えのある高い木の下に着くと、あの鳥が止まっていたてっぺんの枝を見上げた。
「……！　……！」

狩人は見た。
今では数百羽となって、枝という枝にびっしりと止まっている、金の鳥たちを……
金の鳥たちは一斉に狩人を見下ろして、誇らしげにあの歌を歌った。

♪　ナーナ、ナーナ、ナーナ、ナ～　♪

その時になって狩人はようやく悟った。
「そうか……おれは今わかったぞ。
おれは……人間の力にかなうものはない、と思っていた。
だが違う……
おまえたちは自由の鳥だったんだ。
自由は死なない。滅びない。

たとえ切り刻まれても、埋められても、川底深く沈められても、いつの日か必ず蘇って歌を歌う。おまえたちは自由の鳥だったんだ！」

自由の鳥たちは今でも、森の奥で歌っているということだ。自由の歌を、高らかに。

♪　ナーナ、ナーナ、ナーナ、ナ～　♪
♪　ナーナ、ナーナ、ナーナ、ナ～　♪

【参考文献】
David Hold & Bill Moony, *Ready to tell Tales*, August House

☆お話会のおしまいに語る話

26. とちの実コロコロ（日本）

昔、ある沼のほとりに、岩があったと。
その岩のそばに、大きなとちの木があった。
秋のある日、風がザ～ワザワと吹いたんだと
すると、とちの実が落ちて、岩にカチーンとあたって、
コーロコロところがって、
池にポッチャーン！と落ちたんだと。

ザ～ワザワの
カッチーン！

コーロコロの
ポッチャーン！

ところで、この沼の底にはな、でっかい竜が棲んでいたんだと。
竜は水の中から頭出して、
でっかい耳をブールブルッとふるわせて、
でっかい鼻をシークシクと寄せて、
でっかい口をアーングリとあけて、
とちの実を、パクリ！と食べたんだと。

ブールブルの
シークシクの
アーングリ
とちの実パクリ！

「うまかったぁ〜」

そしたらまた、風がザ〜ワザワと吹いて、とちの実が岩にカチーンとあたって、
コーロコロところがって、
池にポッチャーン！と落ちたんだと。
竜はまた、
でっかい耳をブールブルッとふるわせて、
でっかい鼻をシークシクと寄せて、
でっかい口をアーングリとあけて、
とちの実を、パクリ！と食べたんだと。

ザ〜ワザワの
カッチーン！
コーロコロの
ポッチャーン！

ブールブルの
シークシクの
アーングリ
とちの実パクリ！
「うまかったぁ〜」

そしたらまた風が吹いてきて……
ザ〜ワザワの
カッチーン！
コーロコロの
ポッチャーン！
ブールブルの
シークシクの
アーングリ
とちの実パクリ！

遠藤博子さんと

「うまかったぁ〜」

そしたらまた……　　（聞き手があきるまで繰り返す）

風が吹くたび、とちの実は落ちたから、これじゃあ、ひと晩語っても終わらない話だねぇ。

【聞き手参加型の語りにチャレンジ！】

お話会の終わりに語る「きりなし話」です。

手遊びの動作を自由に振付けて、リズミカルに、唱和してもらいましょう。

「強風が吹いてきたよ」↓早口で動作も急いで。

「やわらかい風」↓ふんわりとした声と動作で。

「あっ、風が静かになった…」↓消え入るような声と動作で。

など、いろいろ楽しんで遊んでください。

【参考文献】

『日本の昔話8　いきがポーンとさけた』水沢謙一編　（未来社）
『柳田國男未採択昔話聚稿』野村純一編著（瑞木書房）

末吉正子さんのこと

望月 新三郎

末吉正子さんは、ちいさな体でいつも元気いっぱい舞台を跳ねまわる「うさぎちゃん」と呼びたくなるような、おちゃめな語り手です。はじめて親しくなったのは一九九六年山口県徳山市（現・周南市）で行なわれた「第三回全日本語りの祭り」でのことでした。たいへん大きなホールの舞台で、末吉さんは「めんどり奥さんとごきぶり旦那」をマーガレット・リード・マグドナルドさんと共演しました。

広い舞台を隅から隅まで走り回り、英語と日本語をチャンポンに語る参加型語りで、その動きも語りも回転が速く、スピーデイなストーリーテリングそのもので、舞台が熱気に包まれた感じでした。

末吉さんは『ストーリーテリング入門』（二〇〇六年、一声社）を次女の優香里さんと共訳しています。この中で紹介したい文章の一つに「ストーリーテリングはパフォーマンスを超えるものだ」をとりあげています。

私は、かって日本民話の会の例会においてアメリカのストーリーテリングの現状を紹介した阿彦周宜《あひこしゅうぎ》さんを思い出しました。彼は紐をとりだして、蛇や棒にしたりして、「全米ストーリーテリングフェスティバル88」に参加してのさまざまな語りを紹介しました。日本の図書館などで行なわれているストーリーテリングとは異なる、このアメリカにおけるパフォーマンスをともなう語りと実演を体験していたので、はじめて体験した末吉さんのアメリカ仕込みの参加型の語りもすんなり受け入れることができました。

末吉さんはとても落語が好きで、私もよく行くぎんがホールの寄席会場（根岸勲宅）で出会うことがあります。末吉さんは子どもの頃からよく落語をラジオで聞いていたそうで、憂鬱なときなど、浅草演芸ホールや鈴本演芸場で半日過ごすとスカッとする上、落語の間とか仕草が参考になるといいます。そういえば、末吉さんの間の取り方、仕草に、ごく自然に落語の間やしぐさが表現されています。

五年ほど前だったか、日本民話の会の集会でいっしょに岡山を旅したとき、私は「この人は考古学に造詣が深いな」と思いました。いつ頃から伝説や考古学が好きになったのか聞くと、小学生のころからで、群馬県の岩宿遺跡の発見の物語を子ども向けの月刊誌で読んで、その挿絵に魅せられて以来とのことです。五年生の時の担任の先生が、邪馬台国の卑弥呼の話をしてくれて、この卑弥呼が天照大神かもしれない、といわれてから『古事記物語』（岩波少年文庫）に夢中になったというのでした。

また、末吉さんは創作家でもあります。岡山県の「鬼ノ城」の温羅の話を壮大なファンタジーとして書きあげ、しかも民族楽器奏者による曲や歌とのコラボレーションで演じ、語っているから驚きです。桃太郎とおぼしき人物（モモツヒコという将軍。つまり吉備津彦と桃太郎のミックス）を悪者として書いています。この作品を書く動機がまた、「岡山の全国交流会で鬼ノ城に行って、物凄いインスピレーションがわきました。あの山頂で風に吹かれながら温羅に恋してしまいました」と実にロマンチックなのですね。

やあーなかなかの感性の鋭い人ですね。このようなインスピレーションは参加型の語りの演出にも随所に現れております。日本の昔話を語るときでも、いつしか聞いている私たちが手をあげ、声をはりあげさせられているのですから。

また、末吉さんは「語りの心は世界につながる」としてテラブレーションを日本で始めた一人でもあります。このテラブレーションは語りの楽しさをわかちあうという大規模な「語りの心の交流の祭り」で、アメリカの語り手たちの全国組織であるNSN（NATIONAL STORYTELLING NETWORK）が主催して、世界に呼びかけおり、毎年十一月の決まった日の同じ時間に語りをおこなってます。私も何回か参加しました。

末吉さんはこれからも、さまざまの国の民話を幅ひろく参加型として演出して、楽しく演じ語って行くことでしょう。

二〇一四年一月吉日

望月新三郎さんはこの応援文を書いてくださった年（二〇一四年）の夏、向こうの世界に旅立って逝かれました。あたたかな笑顔で慈父のごとく私の語りを支持してくださり、この本を上梓するにあたって背中を押してくださったモッちゃんに、限りない感謝の念と哀悼の意を捧げます。

「……モッちゃん、あれから二年、この本がようやく世に出ることになりましたよ。向こうの世界で楽しんで読んでいただけたら嬉しいです……」

末吉正子

語りの学校　XI

米屋　陽一

33　昔語りの魅力(1)　歌物語は消えたが昔語りに生きている

日本の古典文学のなかには、「歌物語」というジャンルがあります。平安時代前期に成立した『伊勢物語』や『大和物語』などの作品で、現在では地の文（語り）と歌の組み合わせを読んで楽しむことができるわけです。ひとつひとつの歌には、語るべき成立事情の話がある、それが「歌語り」として成立したのでしょう。語り手は歌の部分は「うたう」、話の部分は「かたる」、聴き手は「うたう」「かたる」を耳から受け入れていたのでしょうか。

わが国の記載文芸の中からは、このジャンルはいち早く消えてしまいましたが、二〇一二年〜一五年、インドの旅（三回）のなかで、歌語り・絵解きの大道芸人から聴くことができました。歌と語りで織りなす世界が生きていたのです。こんな体験を経てもう一度わが国の昔語りを点検してみると、昔語りには歌やわらべ歌をともなうものがあることに気づかされます。昔語りをとらえなおしてみると、語る部分よりもいっそう節がついて音楽的な唱えごと、擬音語・擬態語、繰り返しのリズムの類も含めてみることができるでしょう。昔語りの資料集からいくつか紹介しましょう。

・「かちかち山」〈一粒あ　一粒あ　千粒になーれ　二粒あ　二粒あ　万粒になーれ〉（青森県）
・「たにし長者」〈つぶや　つぶや　わが夫（つま）や　今年の春になったれば　からすという　ばか鳥に　ちっくらもっくら　刺されたか〉（岩手県）
・「サルカニ合戦」〈はや、めをだせ、めをださんけば　はさみきるど〉〈はや　でっこい木になれ　でっこい木にならんと　はさみきるど〉（新潟県）
・「桃太郎」〈ドンブリ　カッシリ　スッパイポー　ドンブリ　カッシリ　スッパイポ〉（岡山県）
・「こぶ取り爺」〈丹波の国に　コラ　よそうざいが　めーぎーに　たまげでこなごと聞かせるなー　ハア　おーんぽんぽ　おーんぽんぽ〉（宮城県）

・「絵姿女房」〈ほうろくや　ほうろくや　千田んお山で　妻こを取られて　ほうろくや〉（鳥取県）

・「ねずみ浄土」〈この家座敷さ猫せぇも居ねば　千年も万年も生ぎきる　スットコ　トンヤレ　トンヤレ　トンヤレ〉（山形県）

昔語りの聴き手の子どもたちは、発端句（語り始め）や結末句（語り納め）を記憶すると同時にテンポの早いことば、リズミカルなことば、繰り返しのことばなどに興味を持ちはじめ、そのことが記憶へとつながっていくのでしょう。

34　昔語りの魅力⑵　舌もじり・早口そそり

子どものことば遊びのひとつに、発音しにくいことばを続けて言わせる「舌もじり」と、同じ音をいくつも重ねて発音しにくい台詞にして早口に言わせる「早口そそり＝早口ことば」があります。生まれ育った東京・品川あたりでも次のようなことば・台詞がはやっていました。

・となりの客はよく柿食う客だ

・赤まき紙青まき紙黄まき紙
・坊主がびょうぶに上手に坊主の絵をかいた
・なまムギなまゴメなまタマゴ
・ウリ売りがウリ売りに来てウリ売れず売り売り帰るウリ売りの声
・カエルぴょこぴょこ三（み）ぴょこぴょこ合わせてぴょこぴょこ六（む）ぴょこぴょこ
・ソーダー村の村長さんがソーダー飲んで死んだソーダー葬式まんじゅうでっかいソーダー

子どもたちはこのようなことばを自分のものにすると、達成感・満足感を味わい喜びが込みあげてきたのでした。また、他の友だちができるようになるまでは、優越感に浸ることができたのでした。

舌もじり・早口そそりの最高峰は、昔語りの「長い名の子」でしょう。長い名の子が井戸に落ち、友だちが長い名を呼んで助けを求めているうちにおぼれて死んでしまったという話です。この話は全国的にいろいろな名前で伝承されています。落語の前座ばなし「寿限無（じゅ

げむ）」の種になっていますが、逆輸入で寿限無が昔語りのように語られていることもあります。

姪の男の子が公立の保育園に通園していました。この保育園は伝承のわらべ歌や伝承の遊びを保育に取り入れていました。前掲のことばやわらべ歌、手遊びなど、覚えてくると得意になって披露してくれました。正月で親きょうだい、親類縁者集まっている所に彼がやってきて、覚えたばかりの「寿限無」を早口で一気に披露してくれました。

「寿限無、寿限無、五劫のすり切れず、海砂利水魚の水行末、雲行末、風来末、食う寝る所に住む所、やぶら小路ぶら小路…」とやったのです。満面の笑みを浮かべて言い終わったのでした。子ども（語り手）が遊びながら楽しみながら「寿限無」を暗記・記憶し、甦らせた瞬間でした。彼は家が壊れるほどの拍手喝采をあびました。

末吉正子（すえよし　まさこ）
一九四九年、茨城県生まれ。東京都大田区糀谷で育つ。千葉県佐倉市在住。一九八〇年より佐倉市立図書館で子ども向けお話会活動を始める。一九九〇年～一九九四年まで駐在員家族として米国に暮らす。その間、参加型の語り、タンデム語りなど聞き手を楽しませる様々な手法のストーリーテリングに出会う。現在、各地の小学校・図書館・ホールなどで語りの公演をおこなっている。アメリカ・カナダ・オーストラリア・シンガポール・タイなど、海外の語りのフェスティバルからの招聘出演も多数。
著書：『お話とあそぼう』『もっとお話とあそぼう』『むかし話ワールドへようこそ』『二人語り・虎の巻』『三人語り・四人語り・クラス語り』・訳書：『ストーリーテリング入門』（共訳）いずれも一声社刊

新しい日本の語り　11
末吉正子の語り
二〇一六年九月十六日　初版発行
編　者　日本民話の会
責任編集　望月新三郎・高津美保子
装　幀　尾崎美千子
発行者　長岡　正博
発行所　悠　書　館
http://www.yushokan.co.jp
〒一一三―〇〇三三
東京都文京区本郷二―三五―二一―三〇二
TEL　〇三―三八一二―六五〇四
FAX　〇三―三八一二―七五〇四
印刷・製本　シナノ印刷株式会社

ISBN 978-4-86582-015-7
定価はカバーに表示してあります